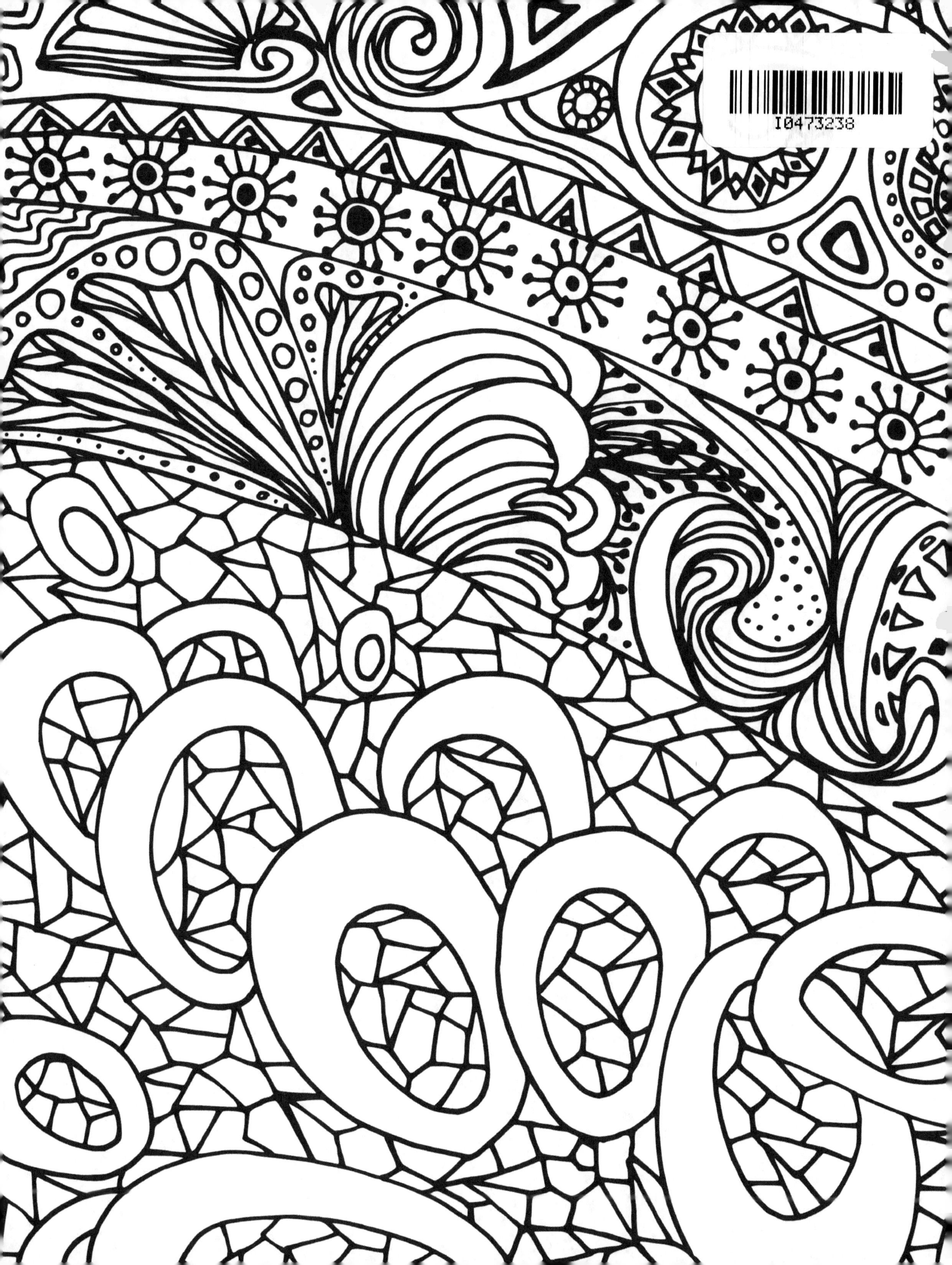

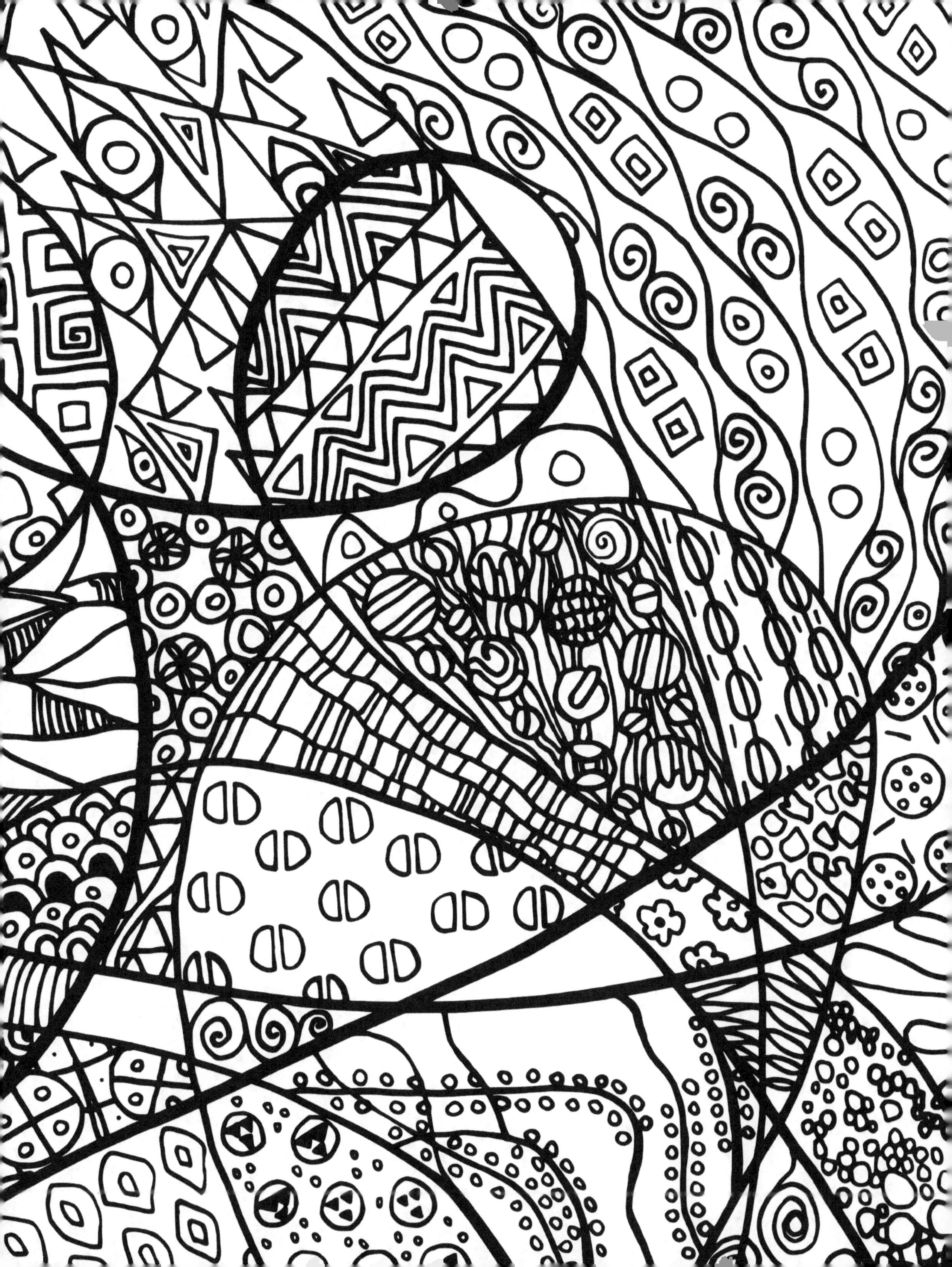

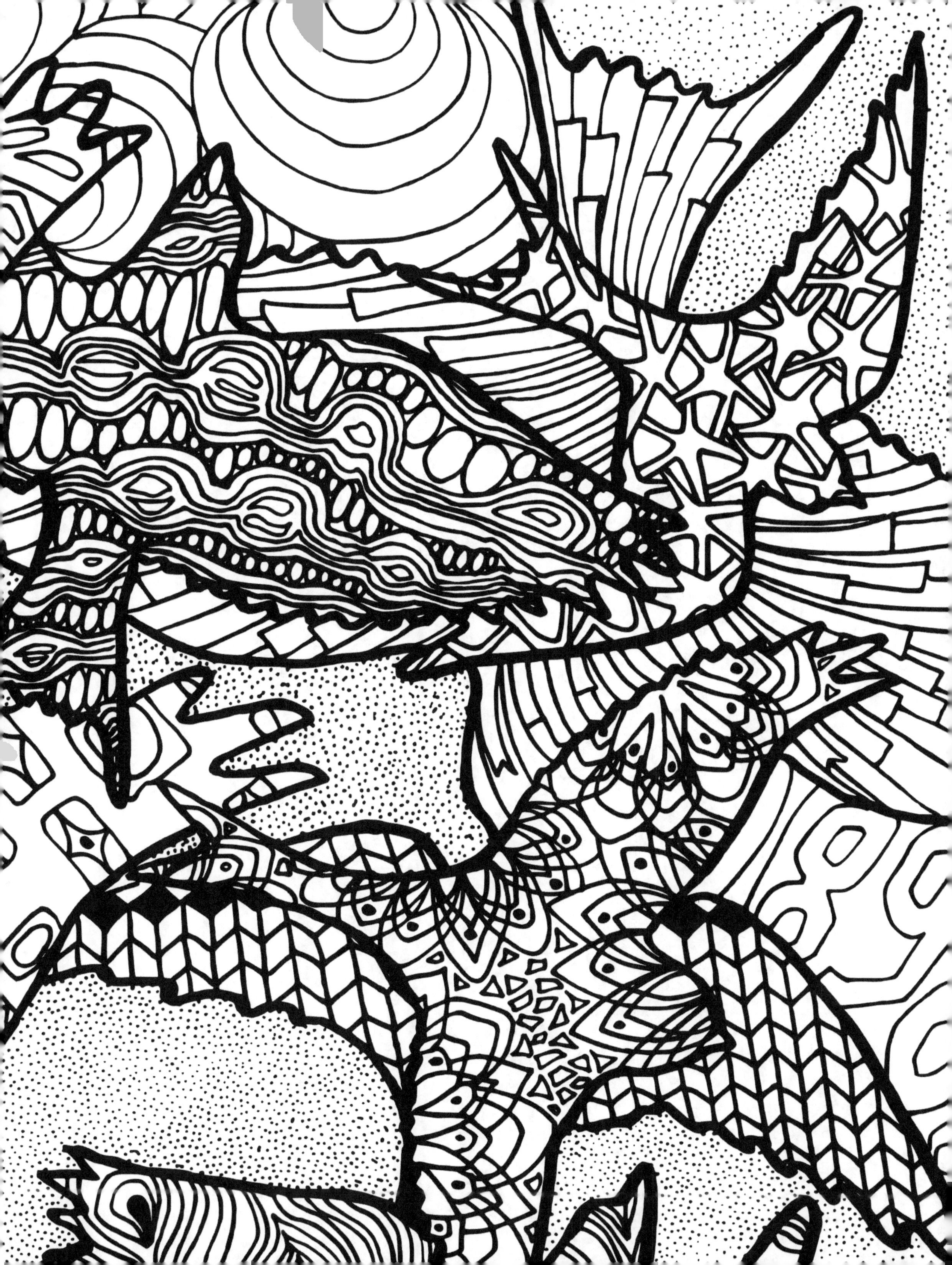

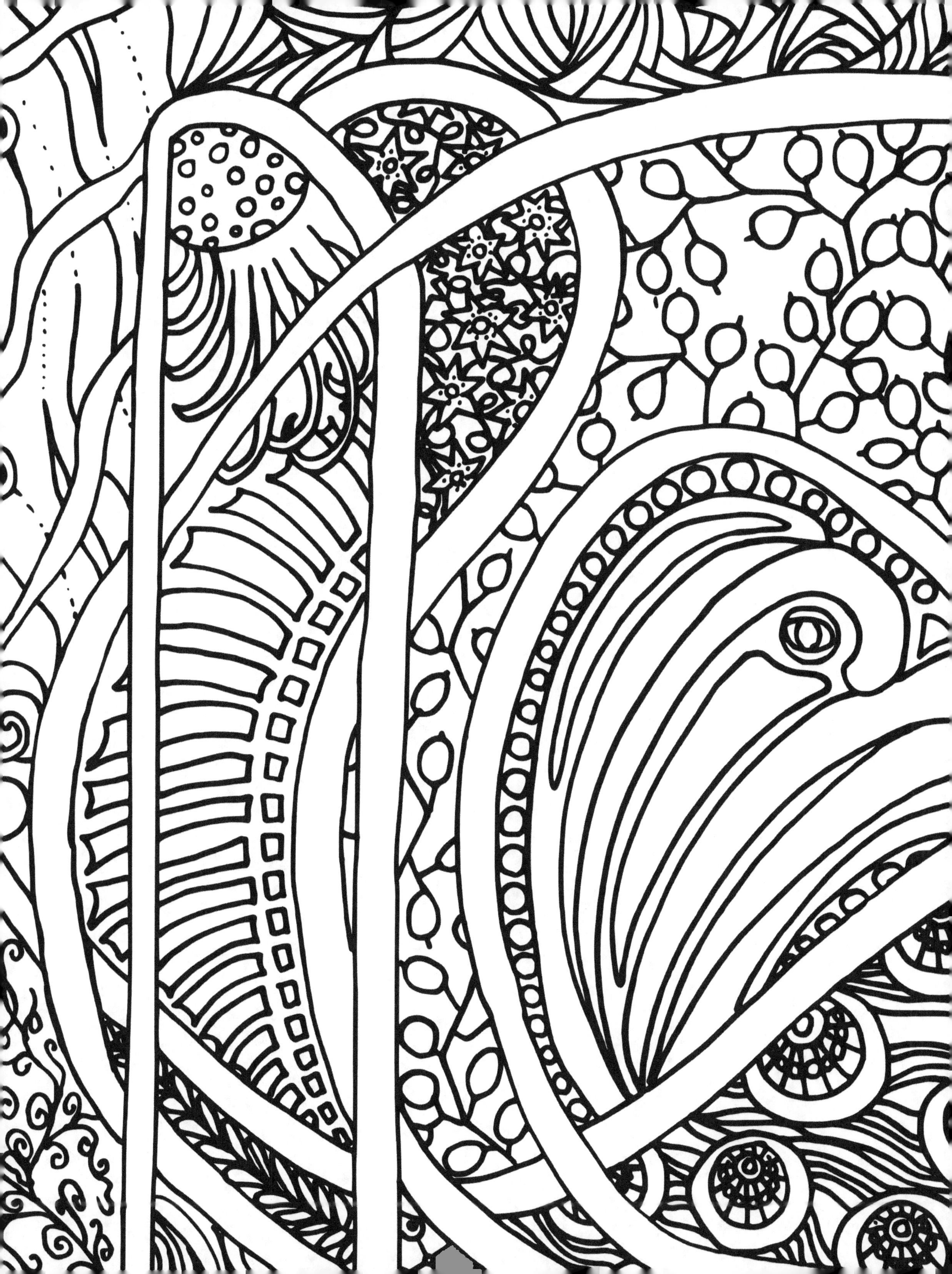

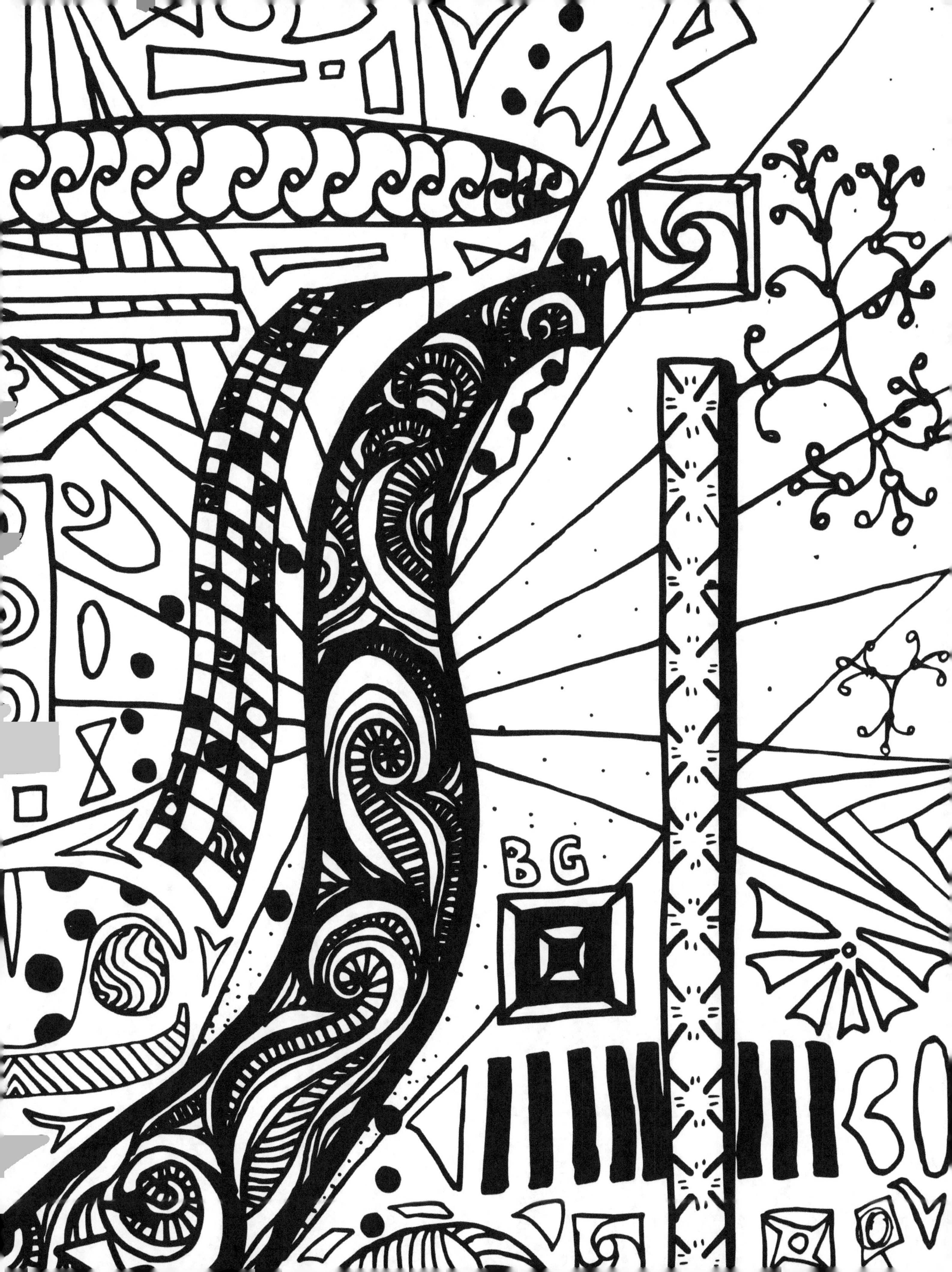
BG

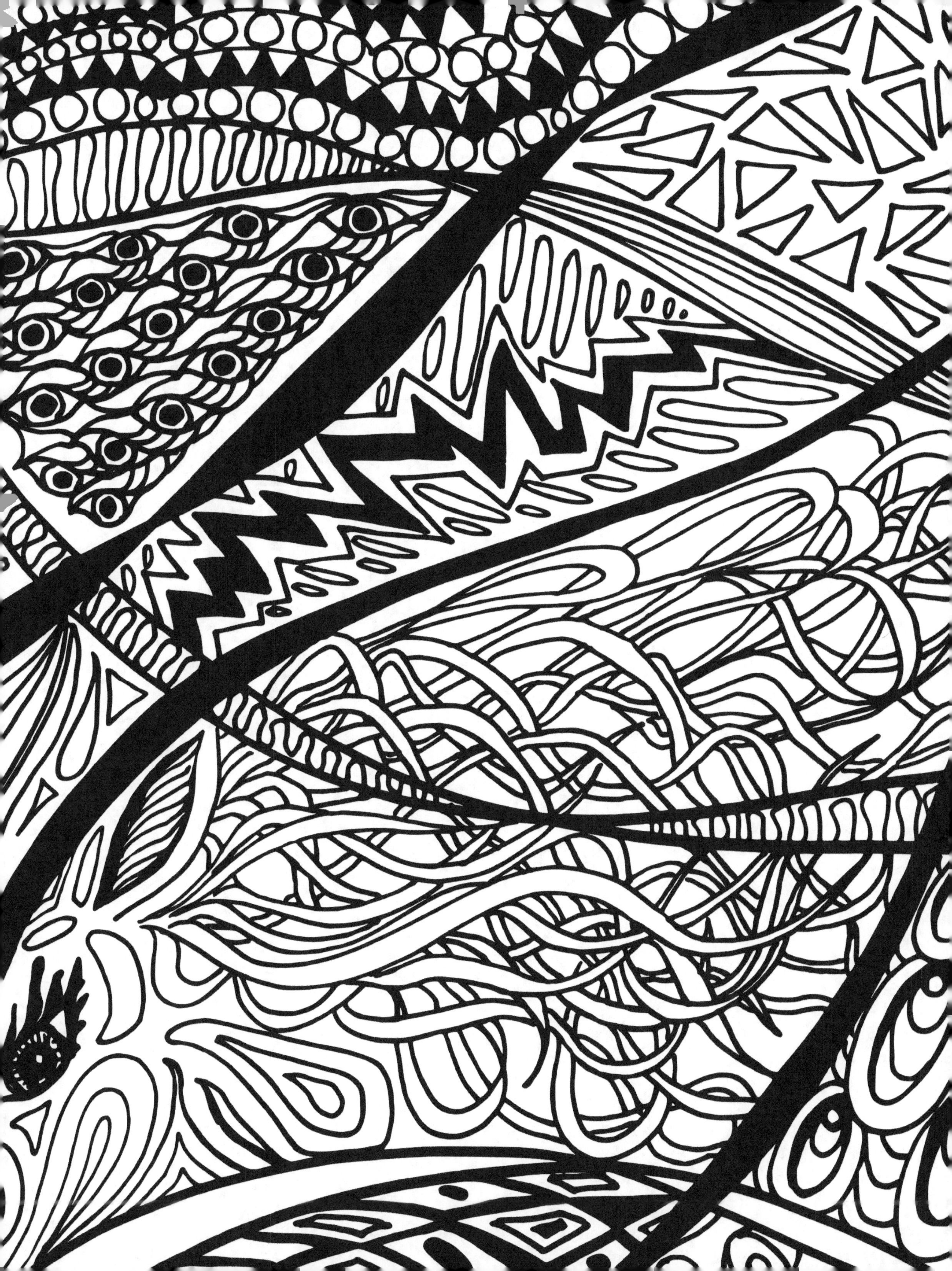

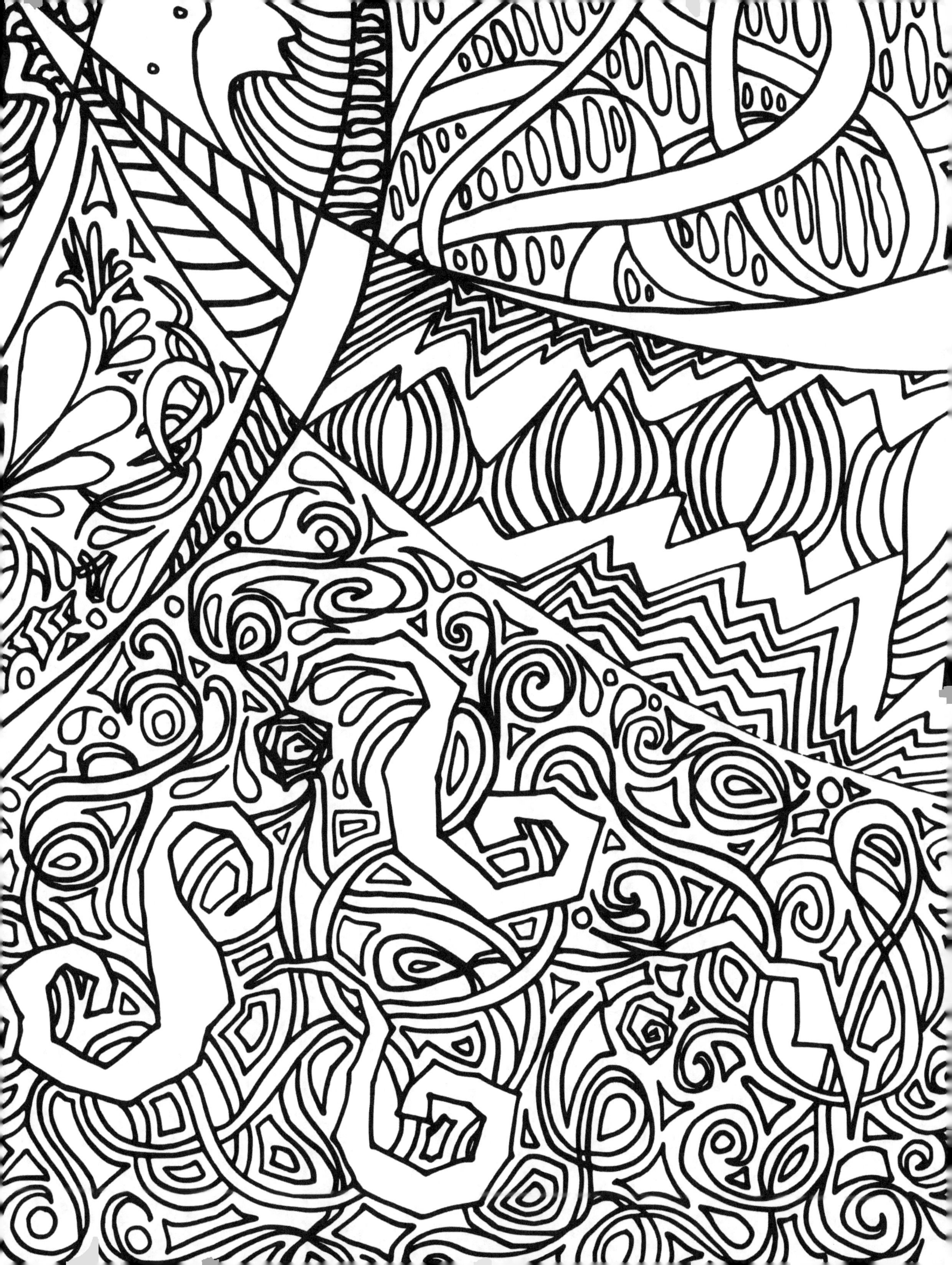

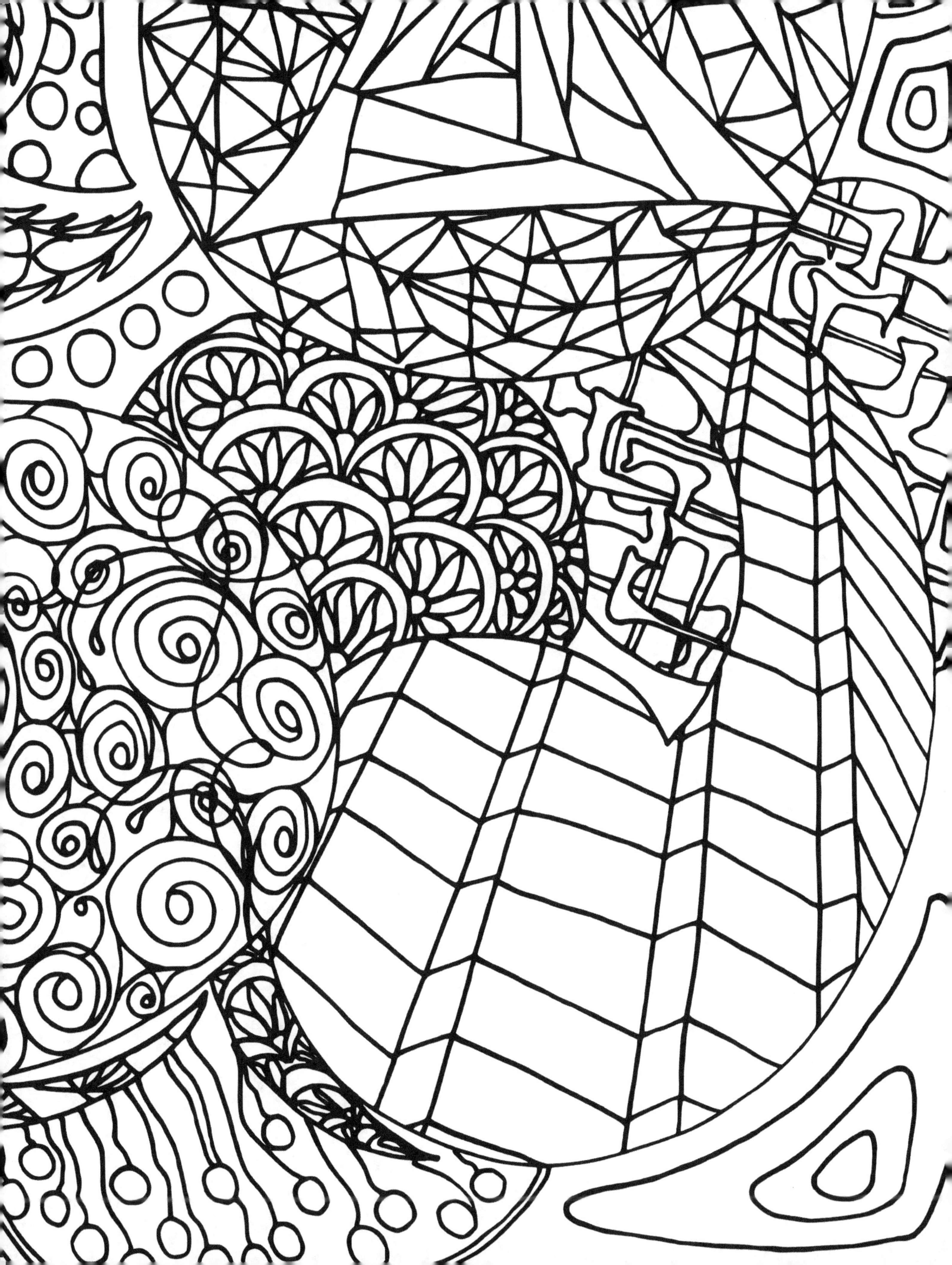

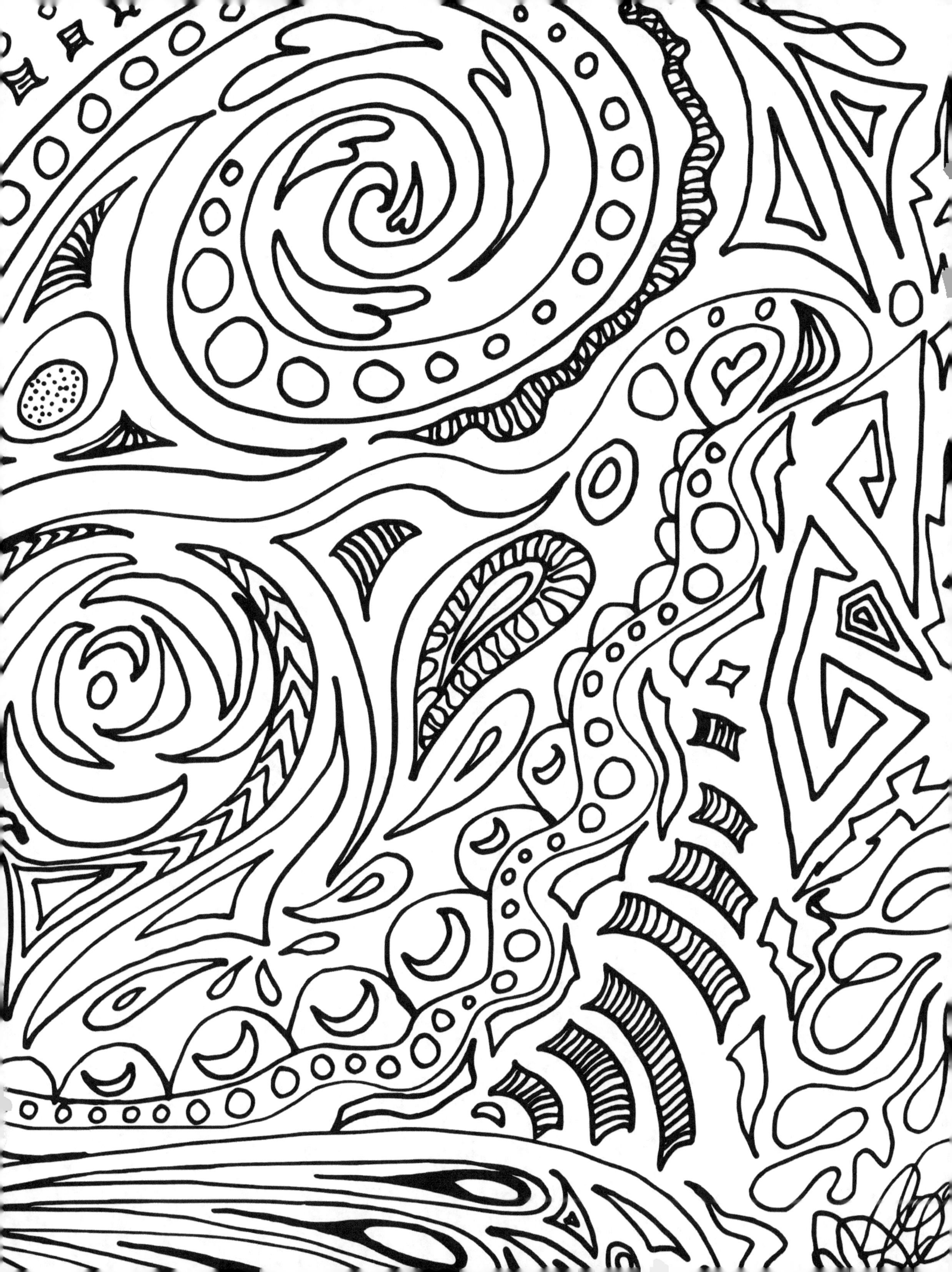

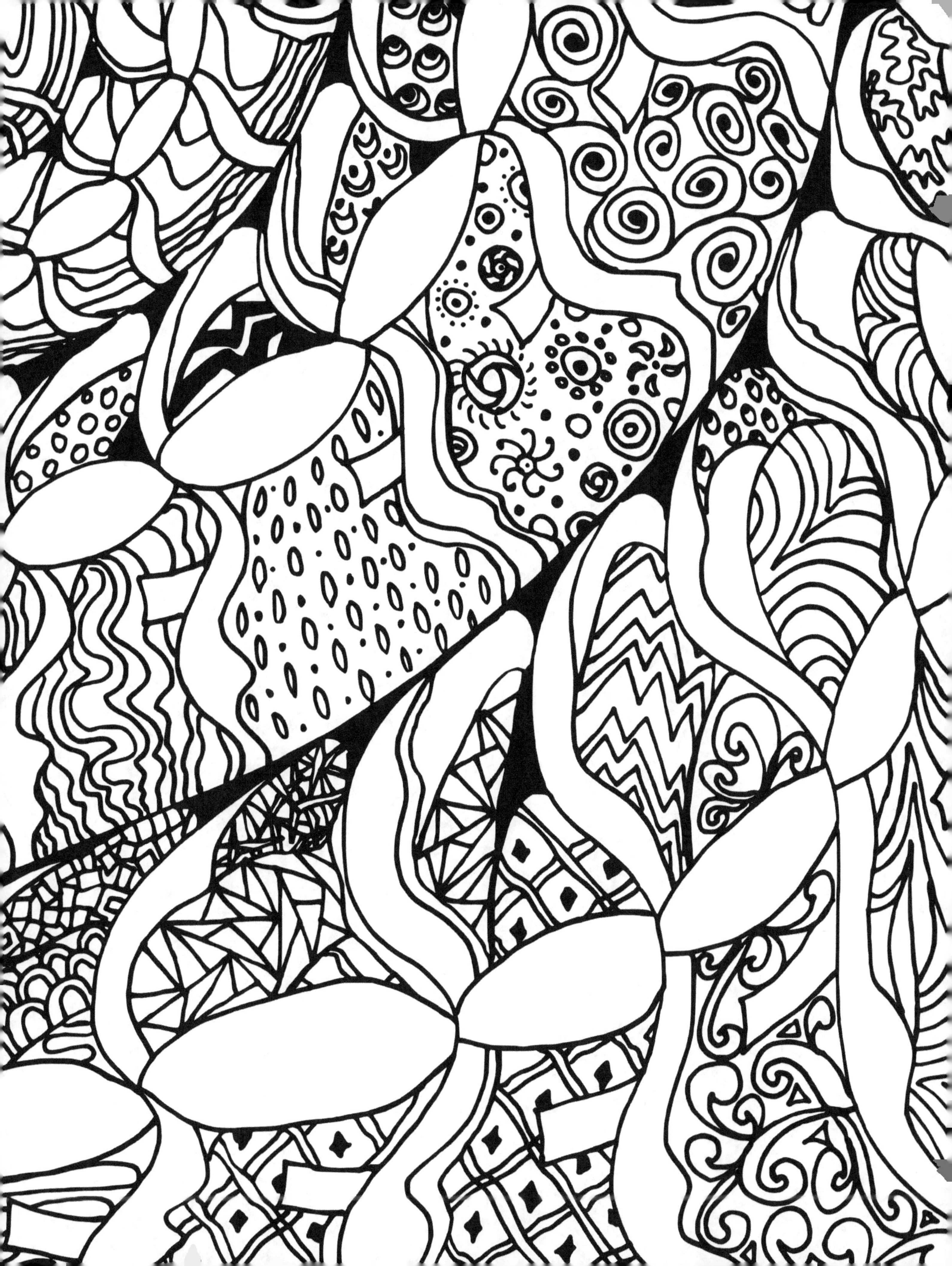

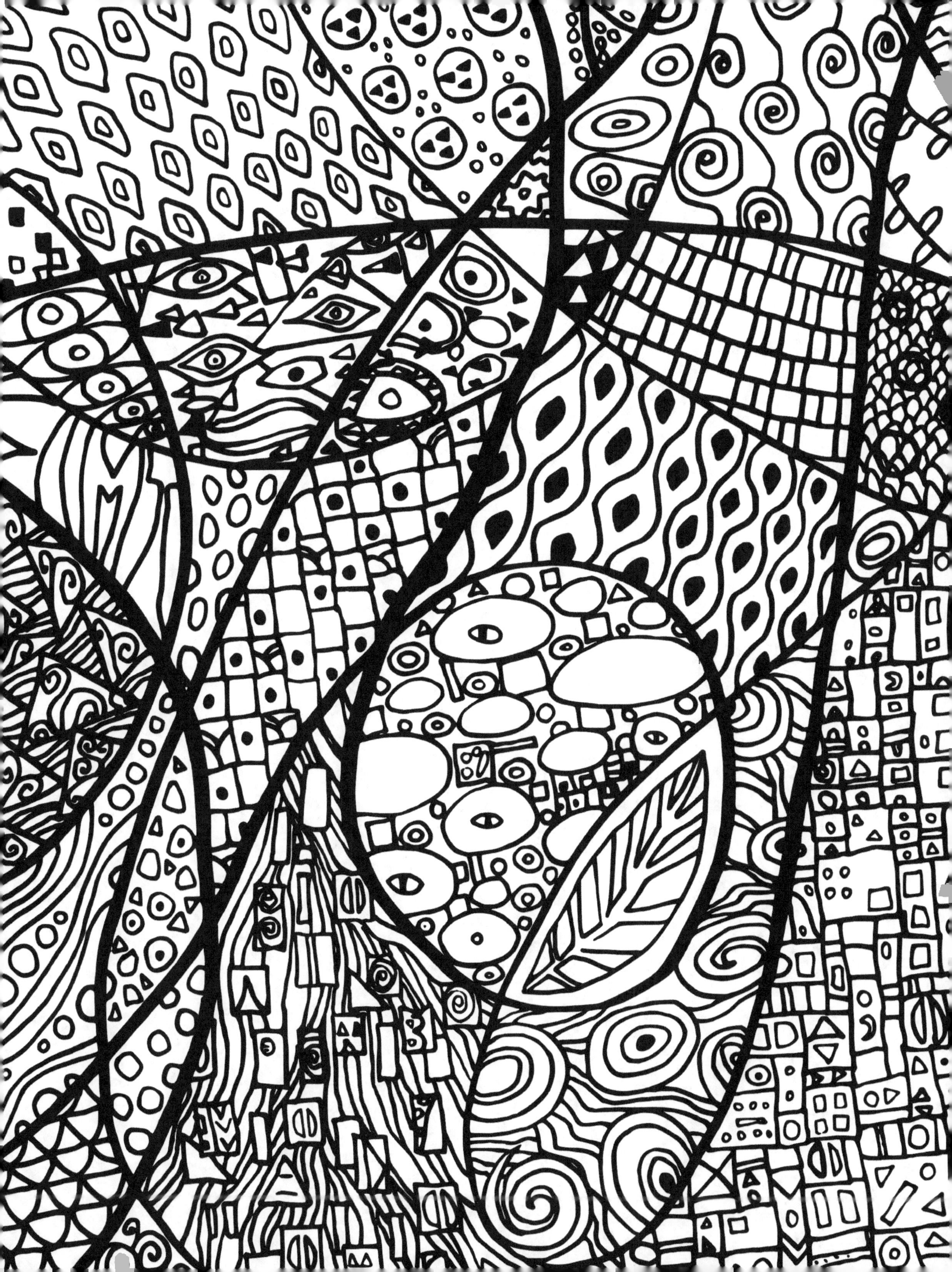

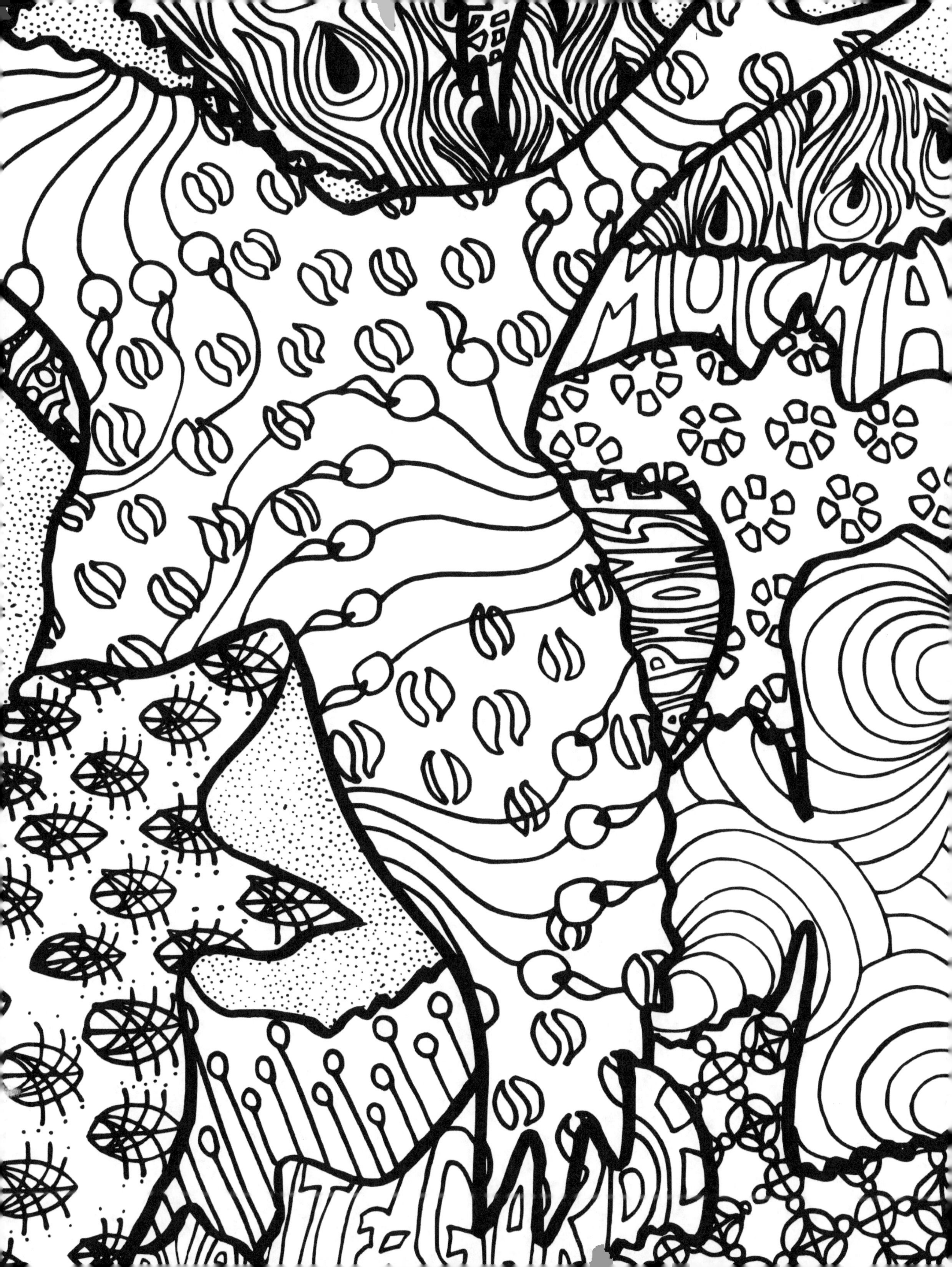

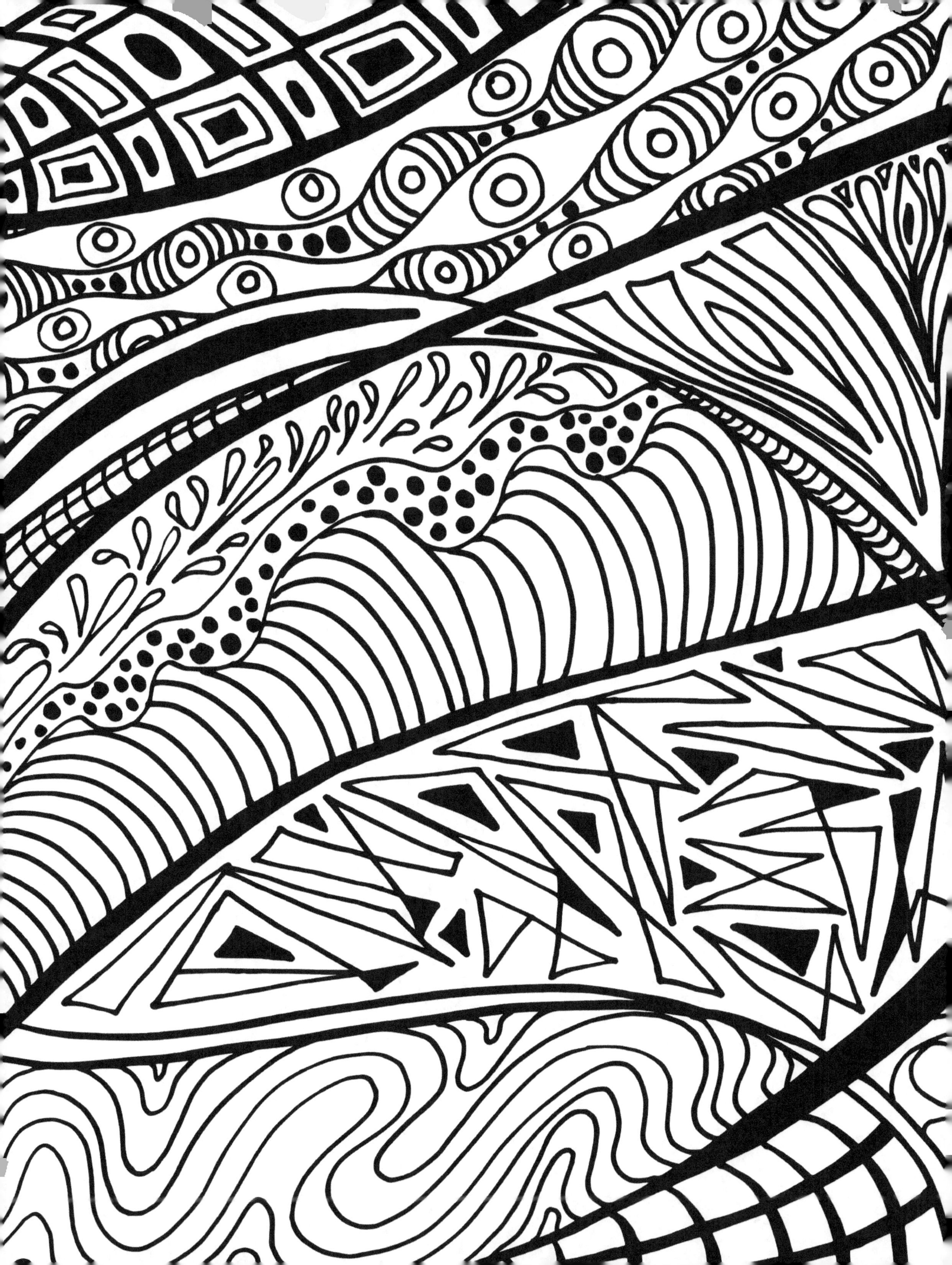

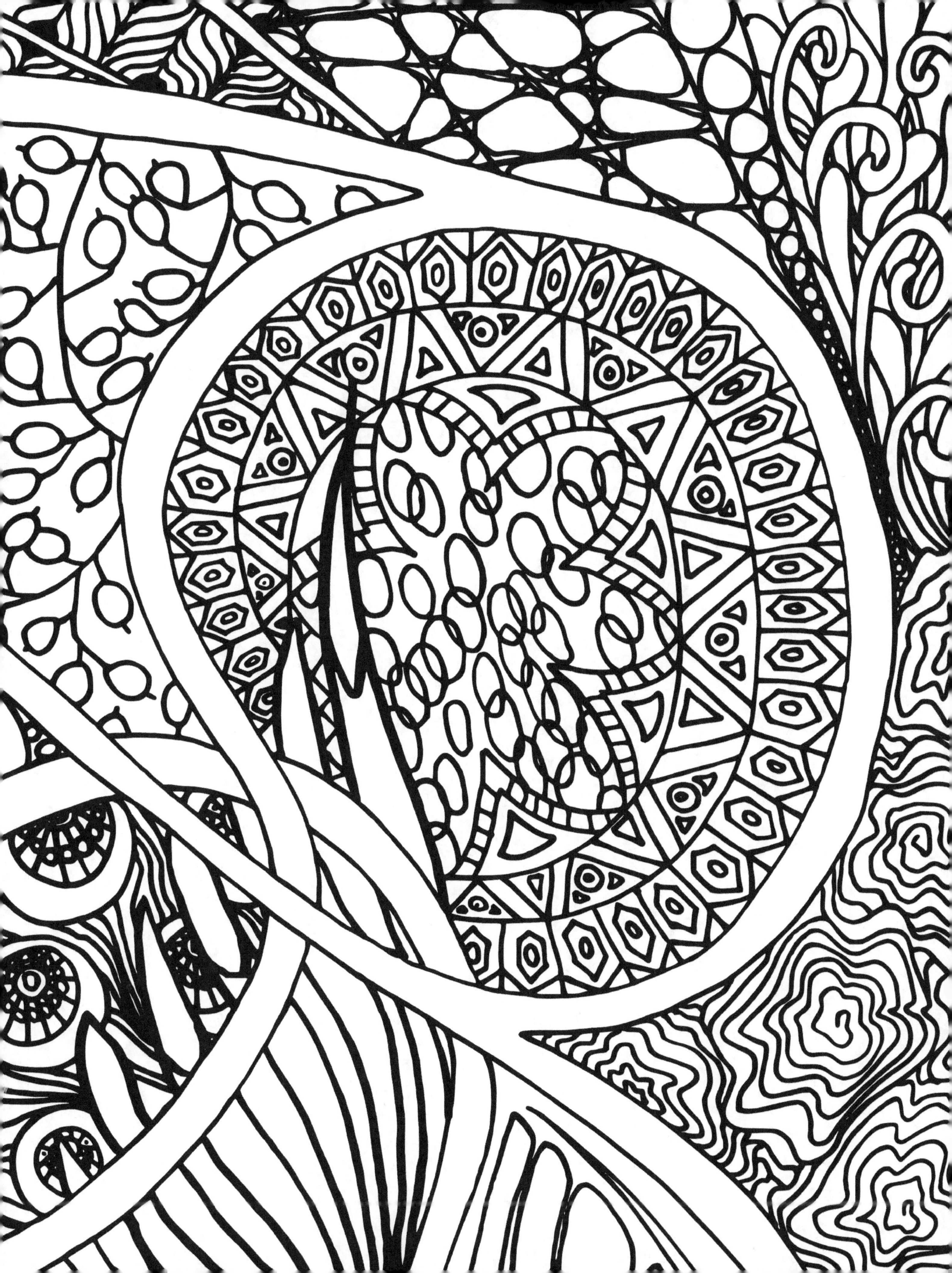

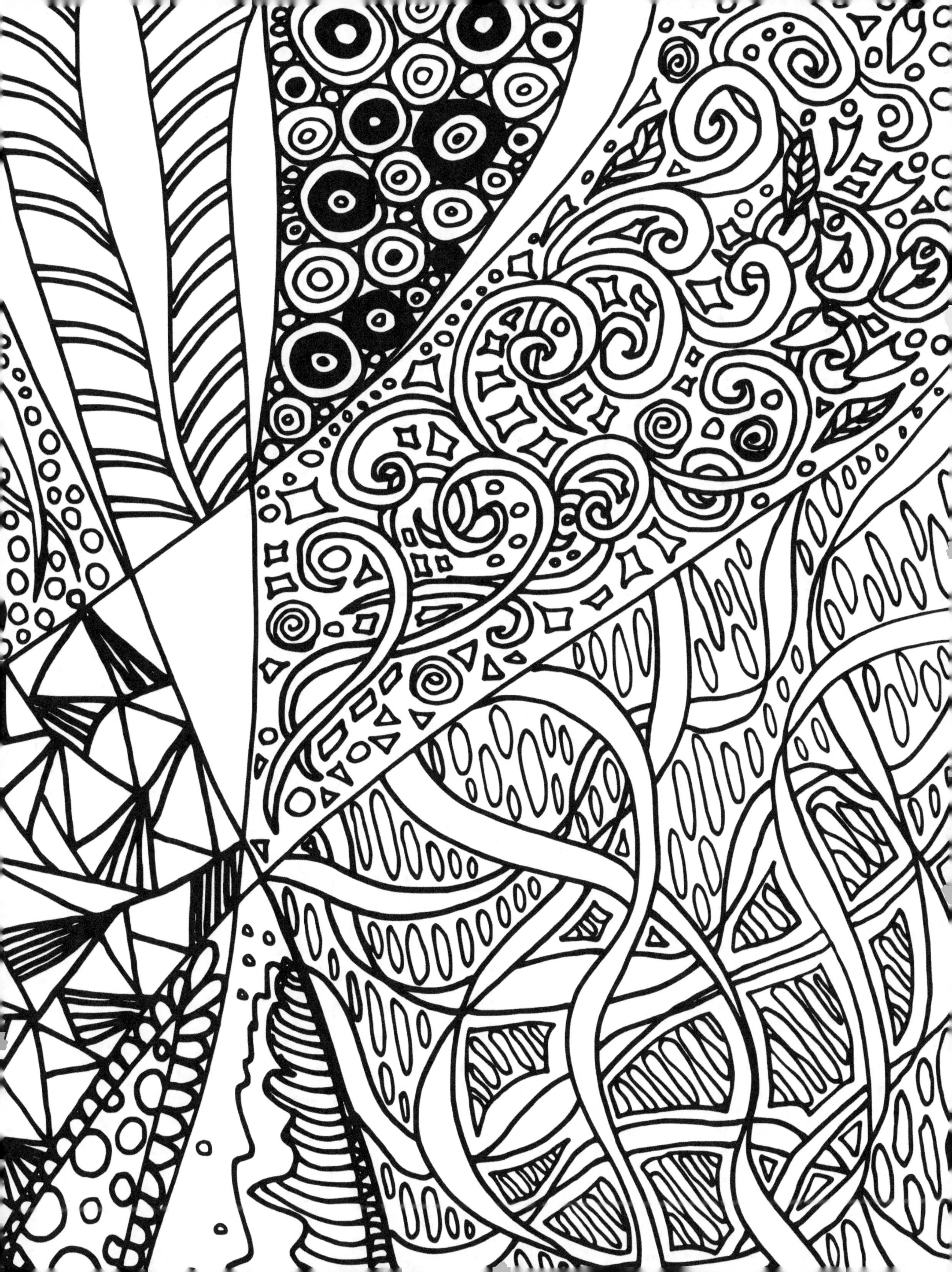

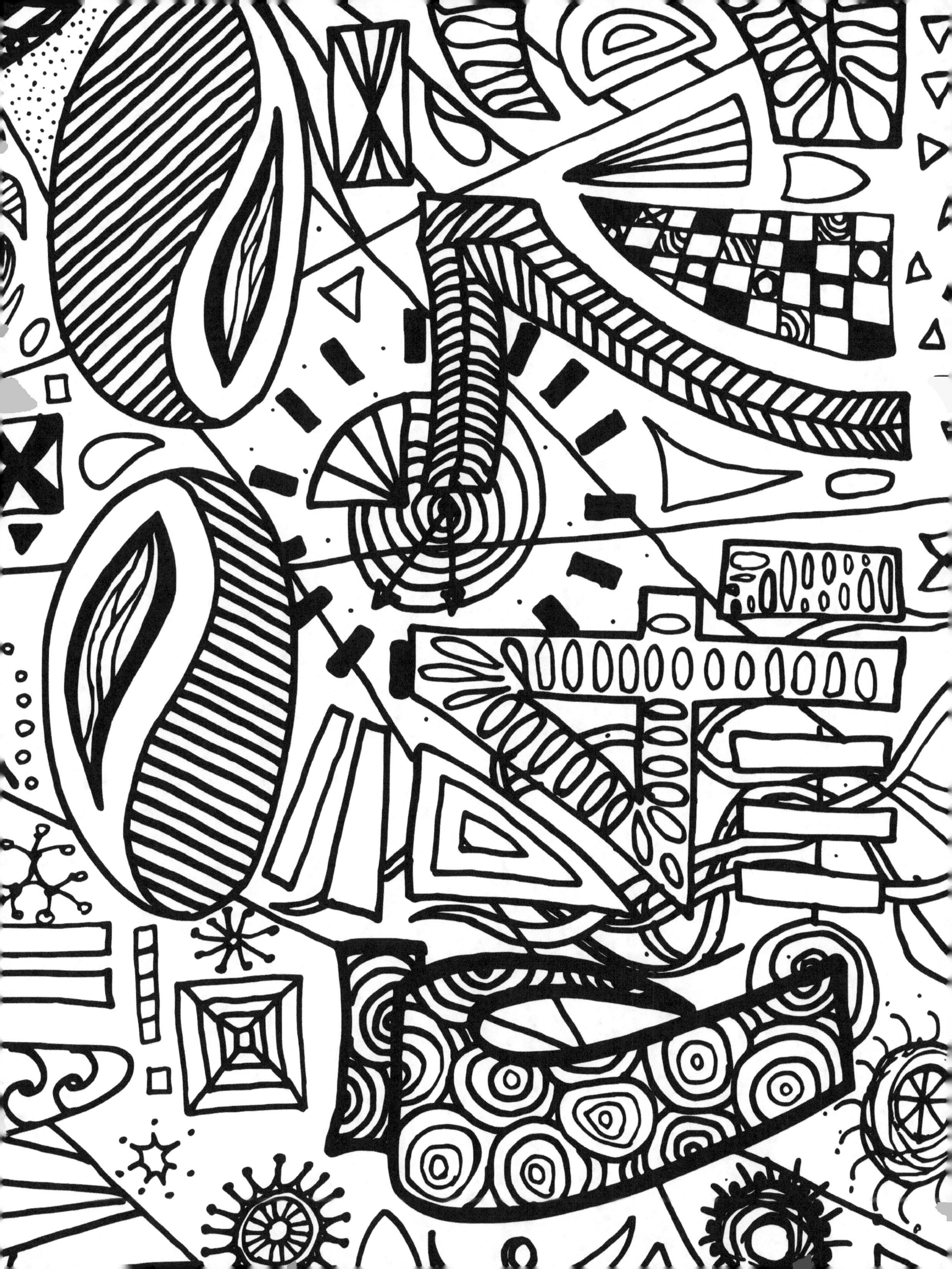

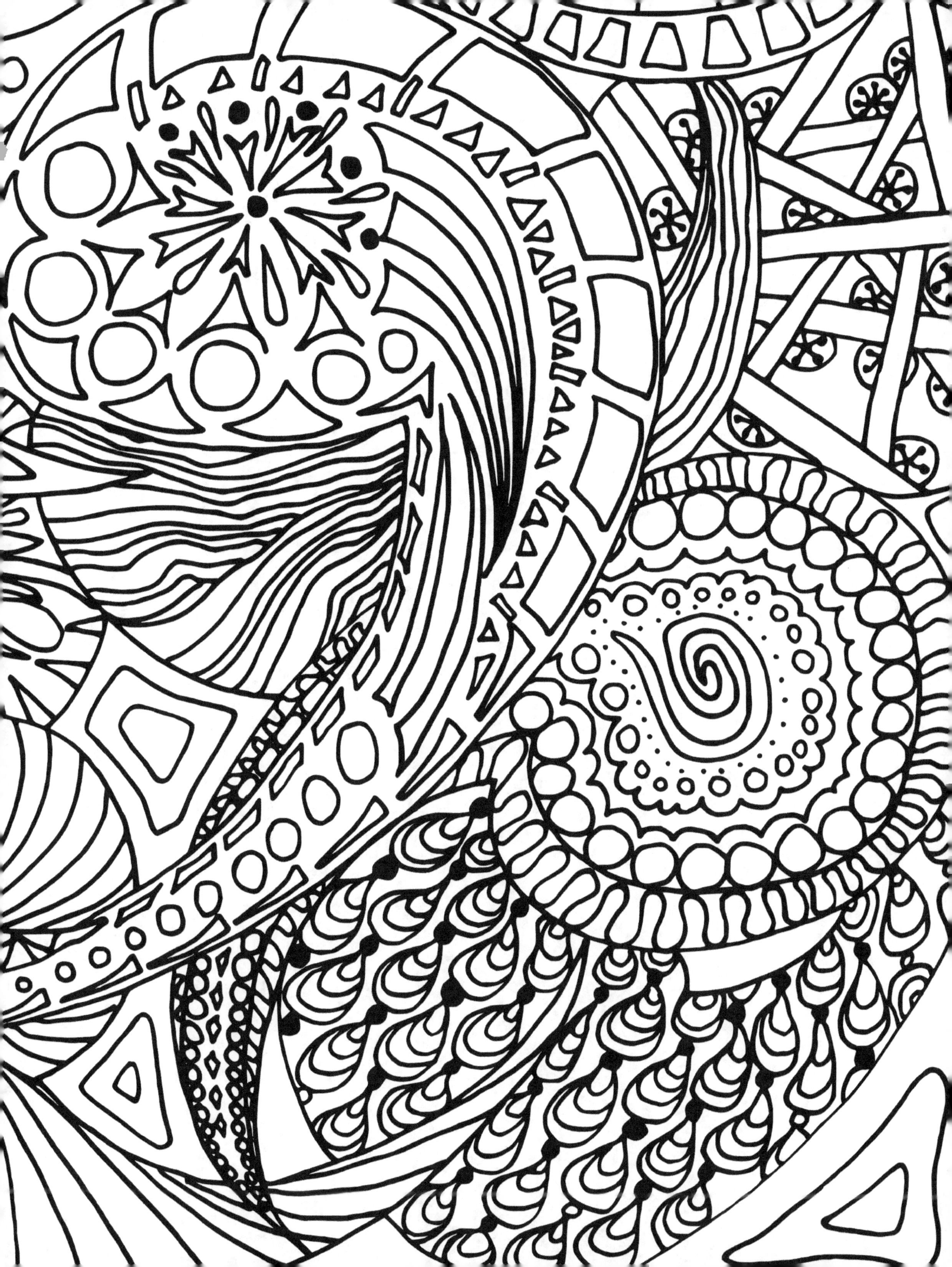

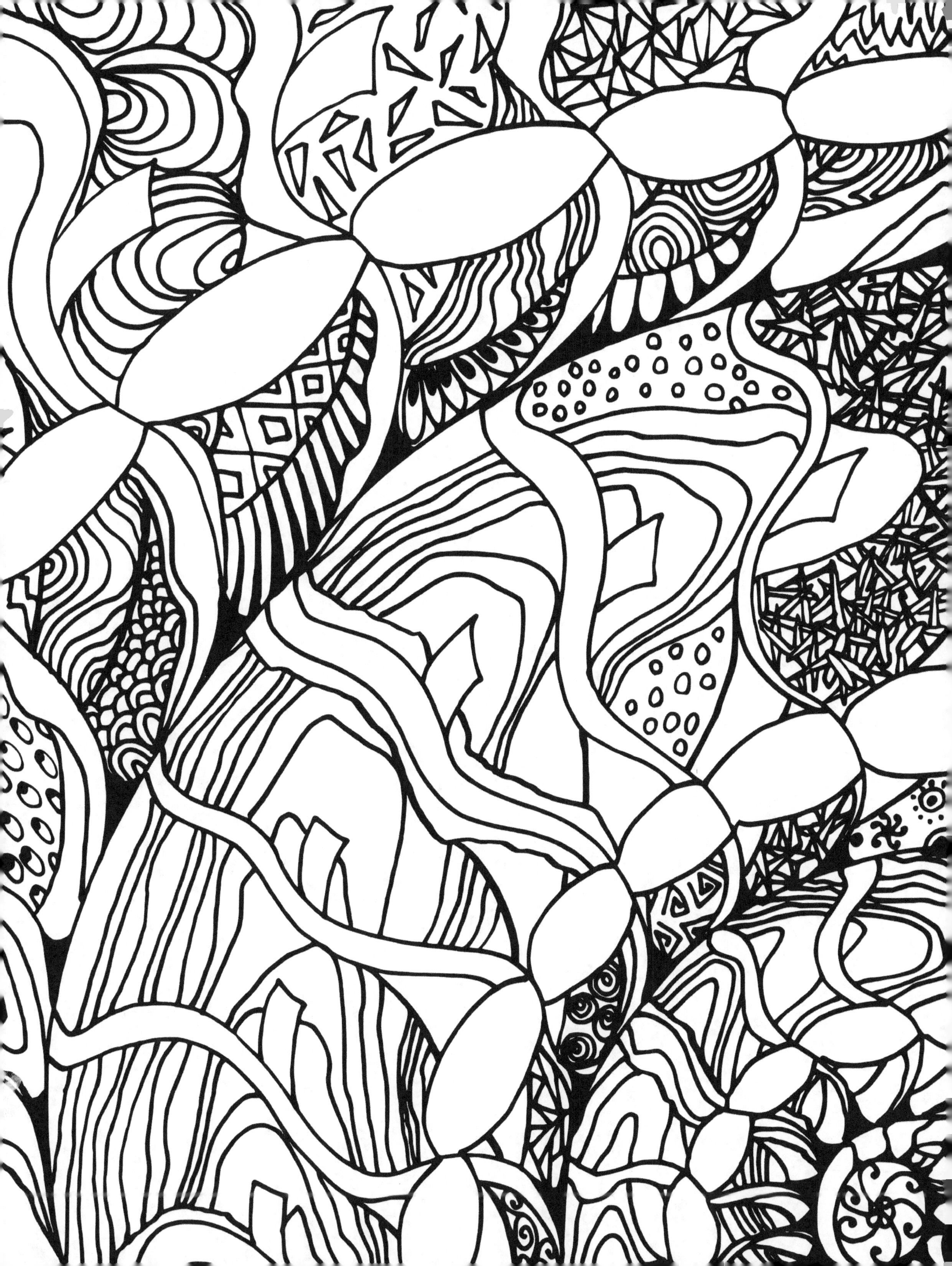

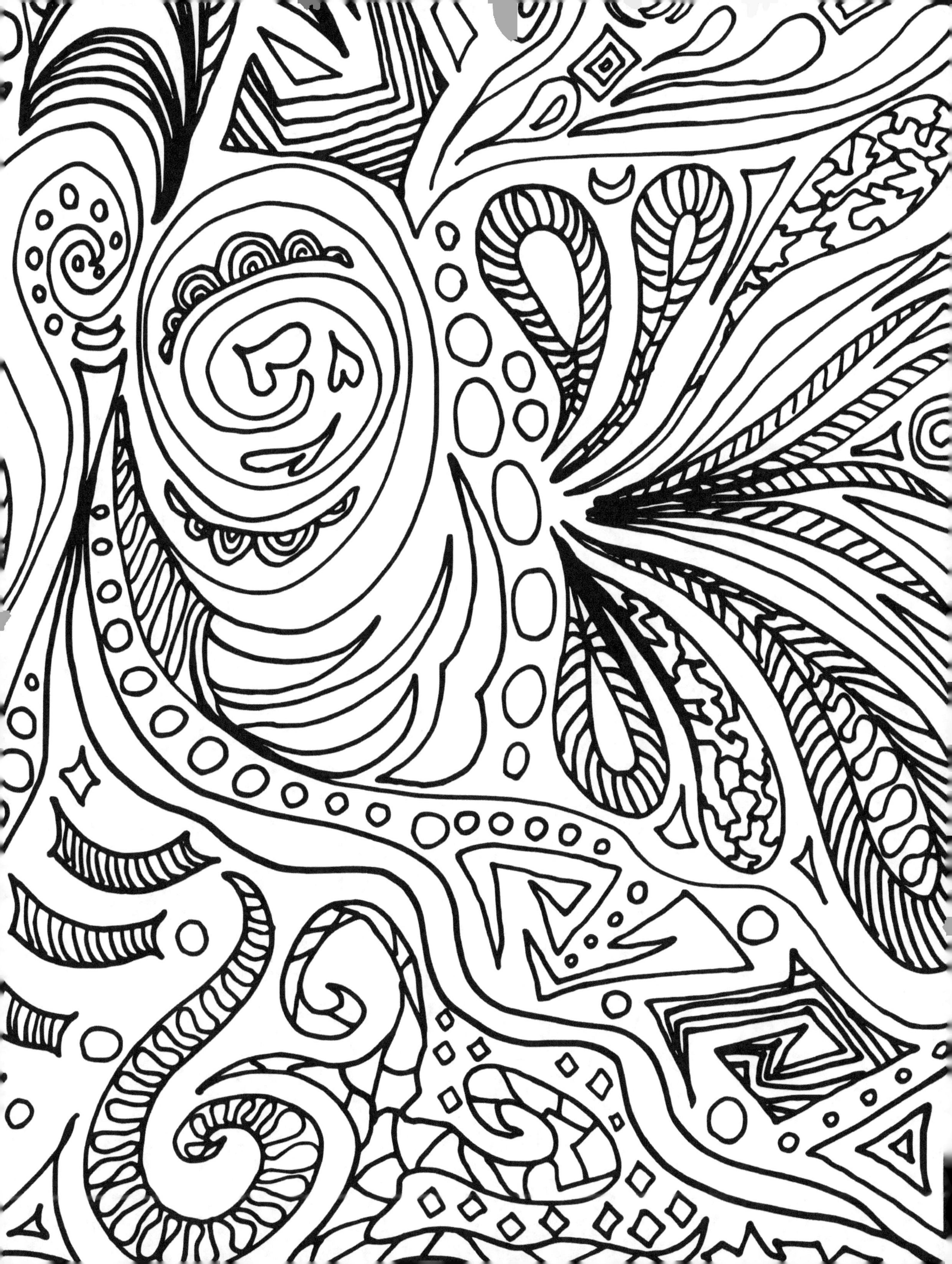

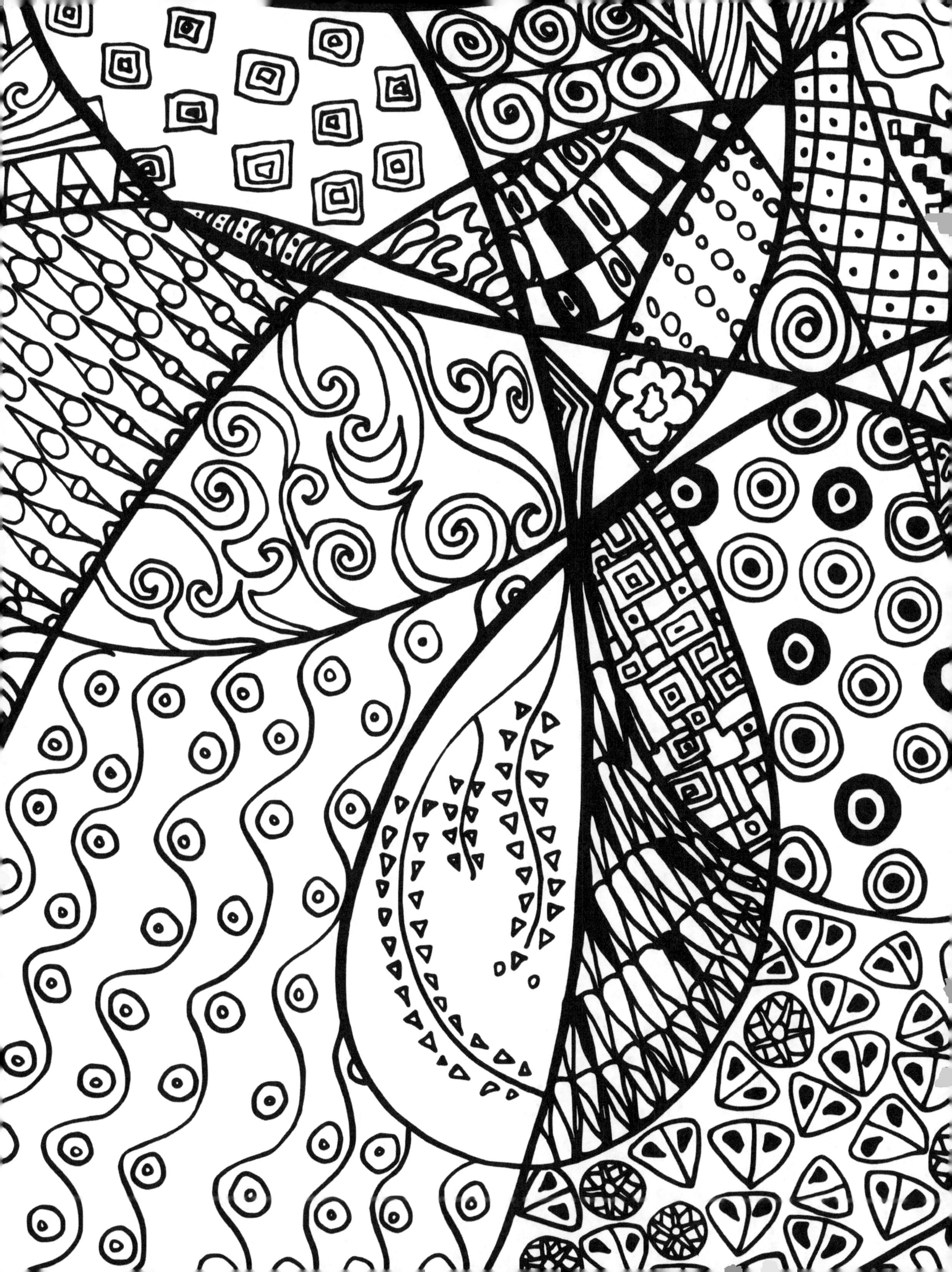

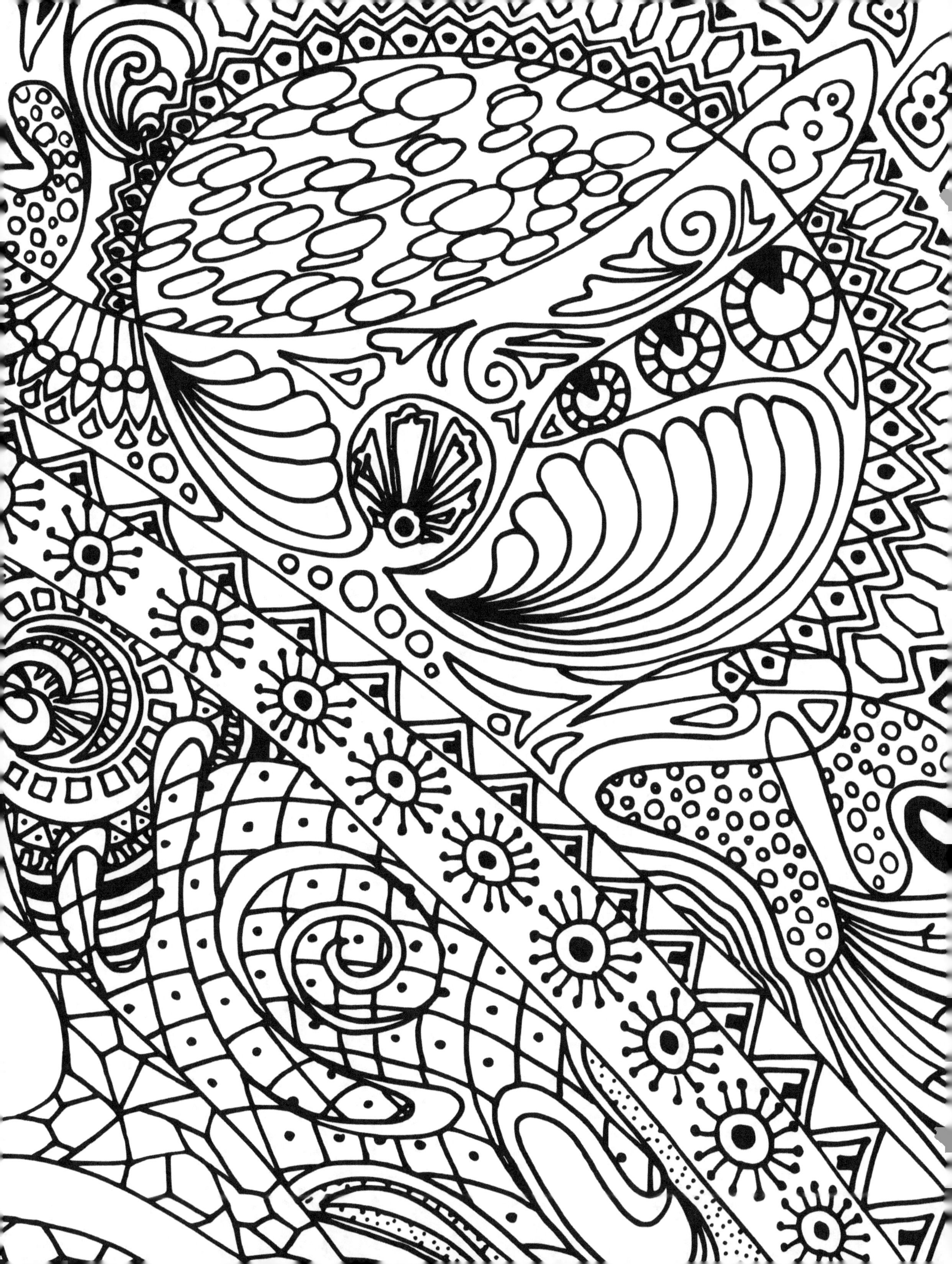

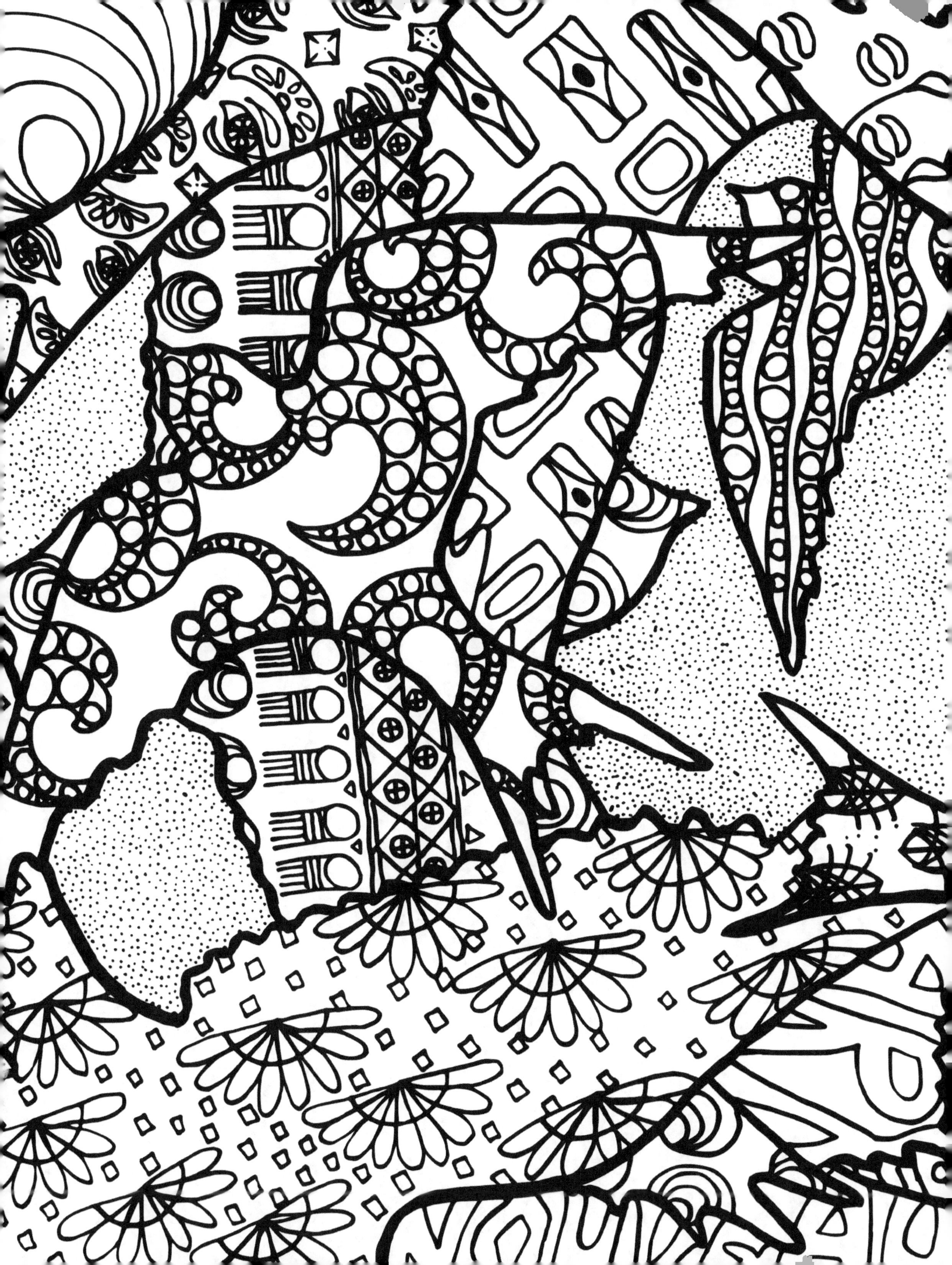

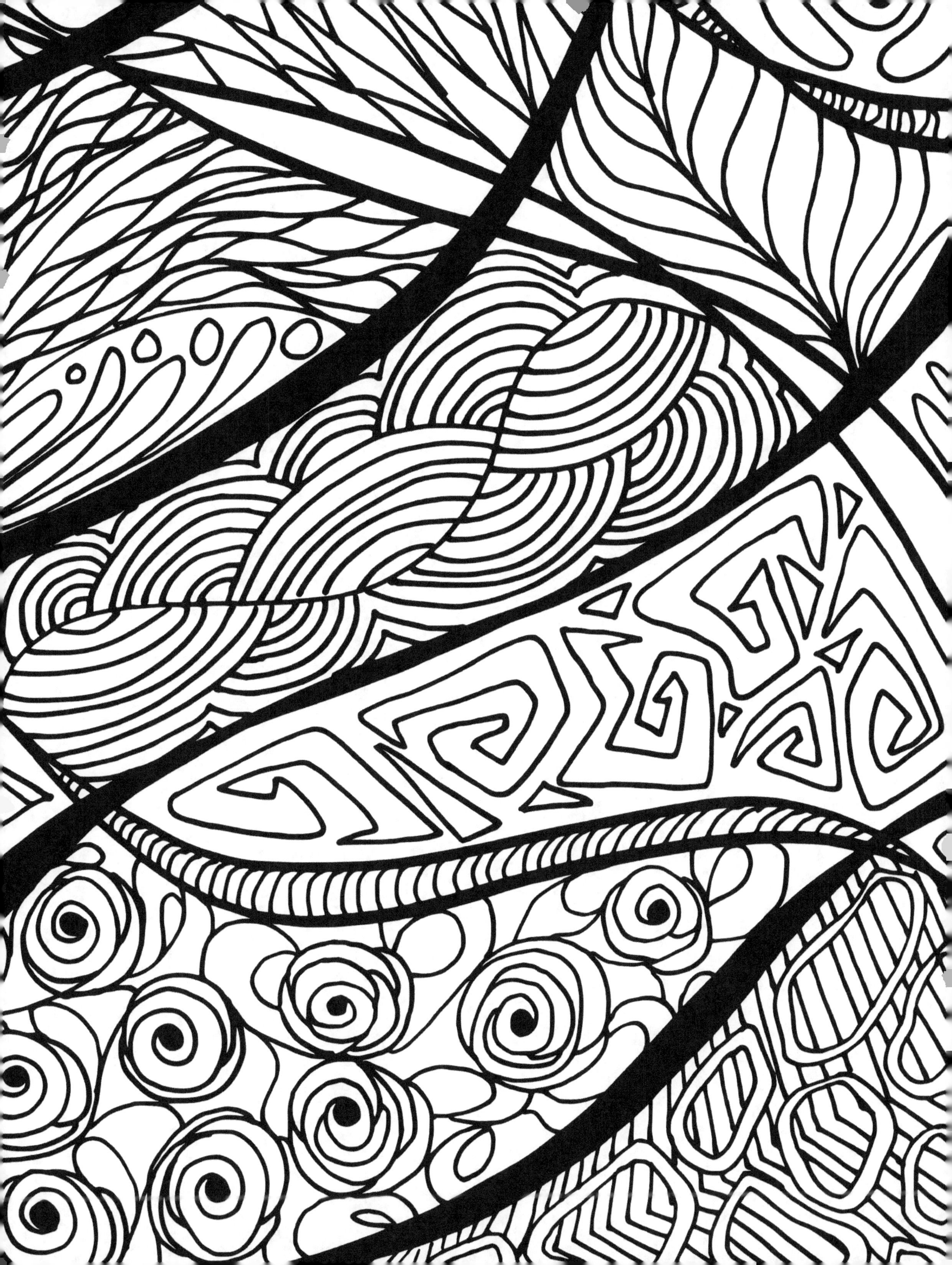

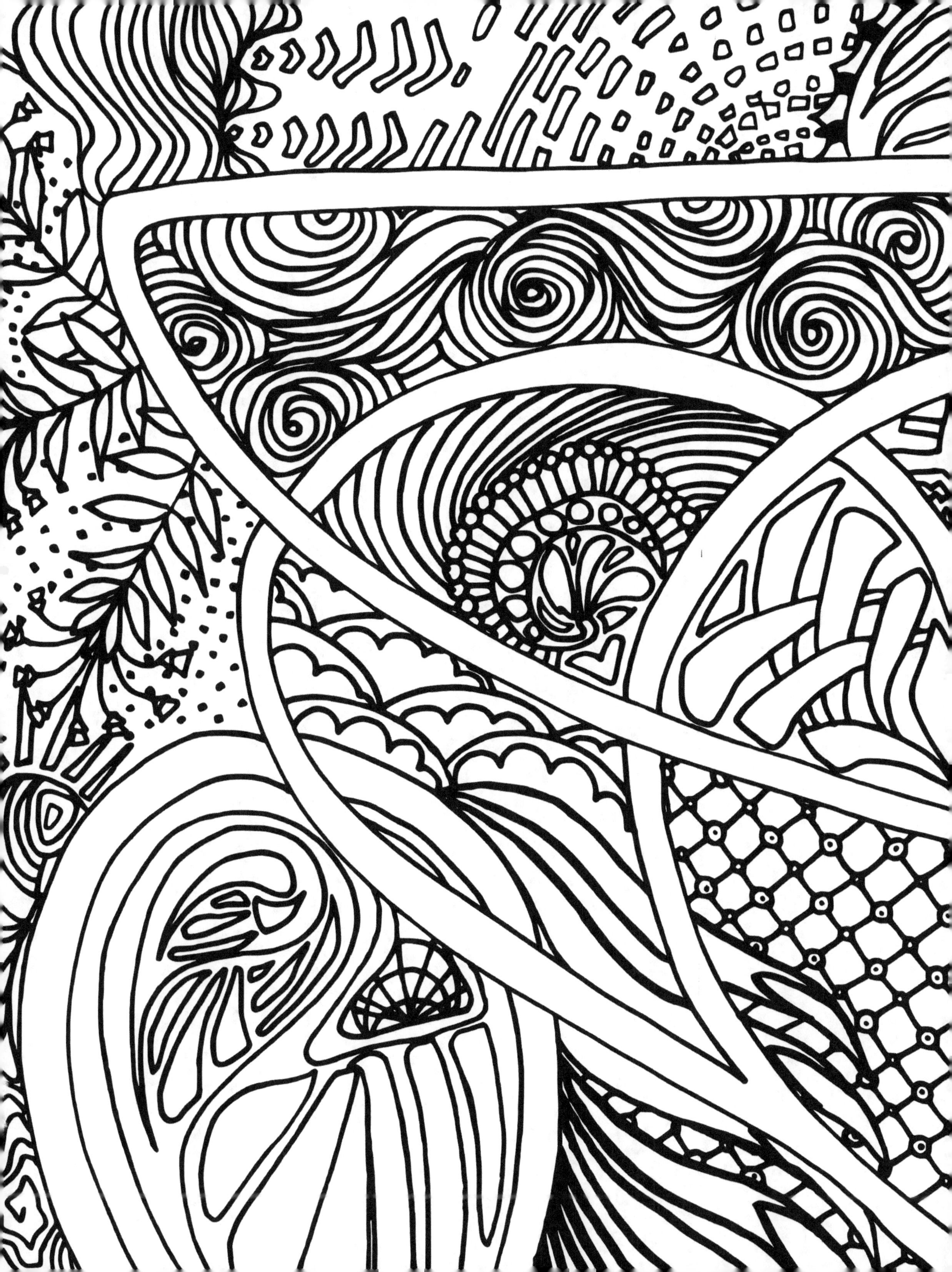

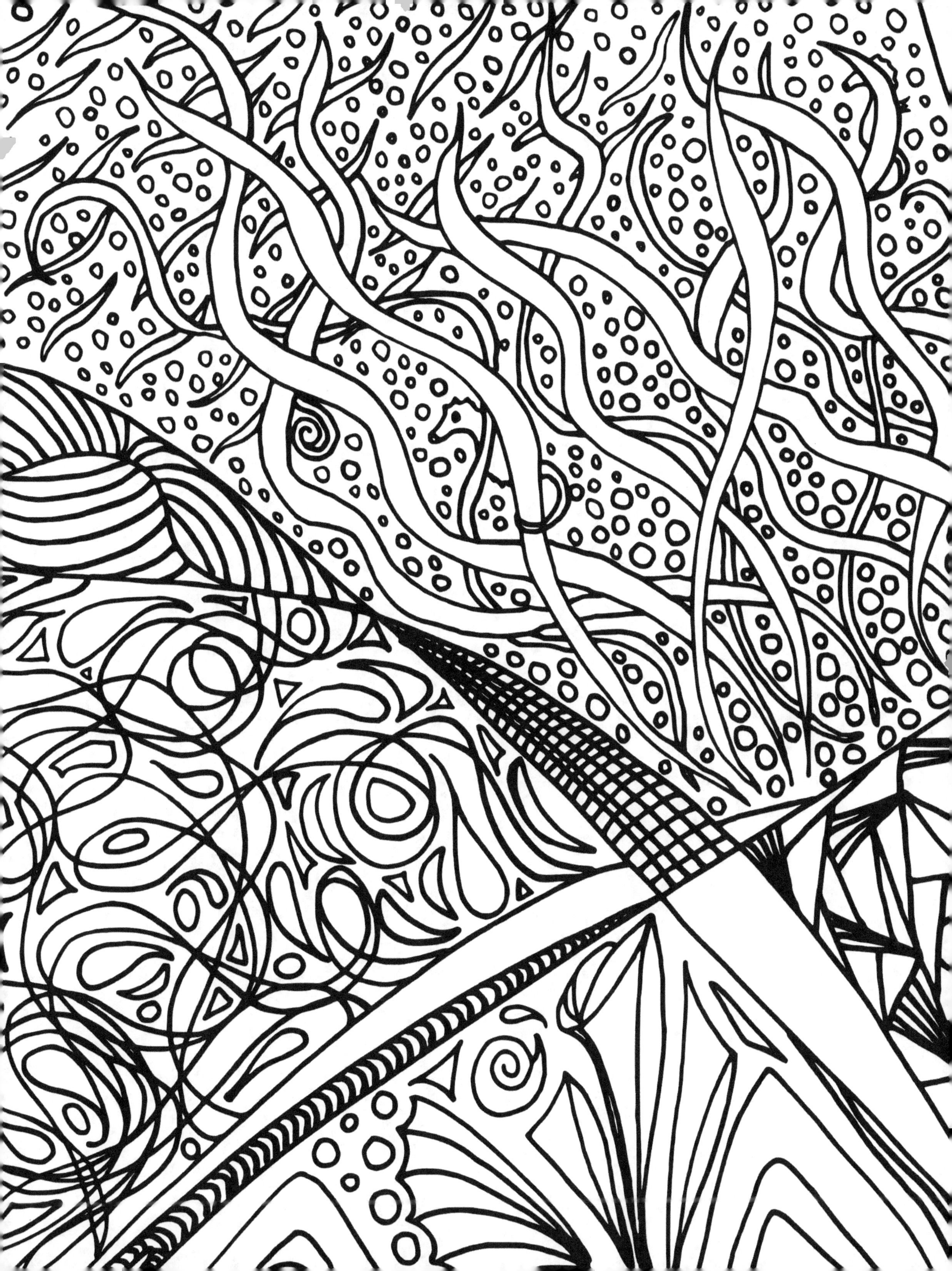

3
NK
Y

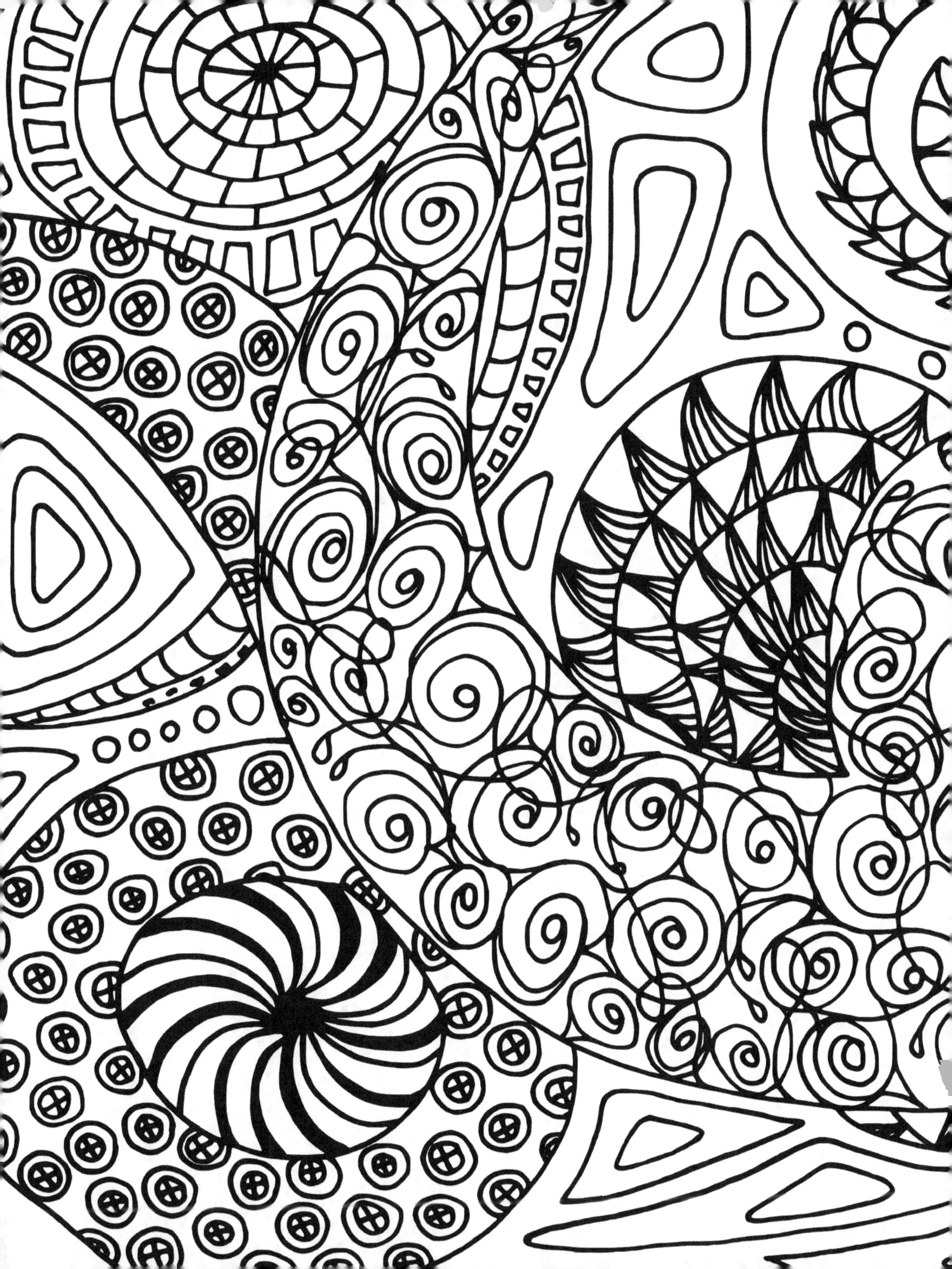

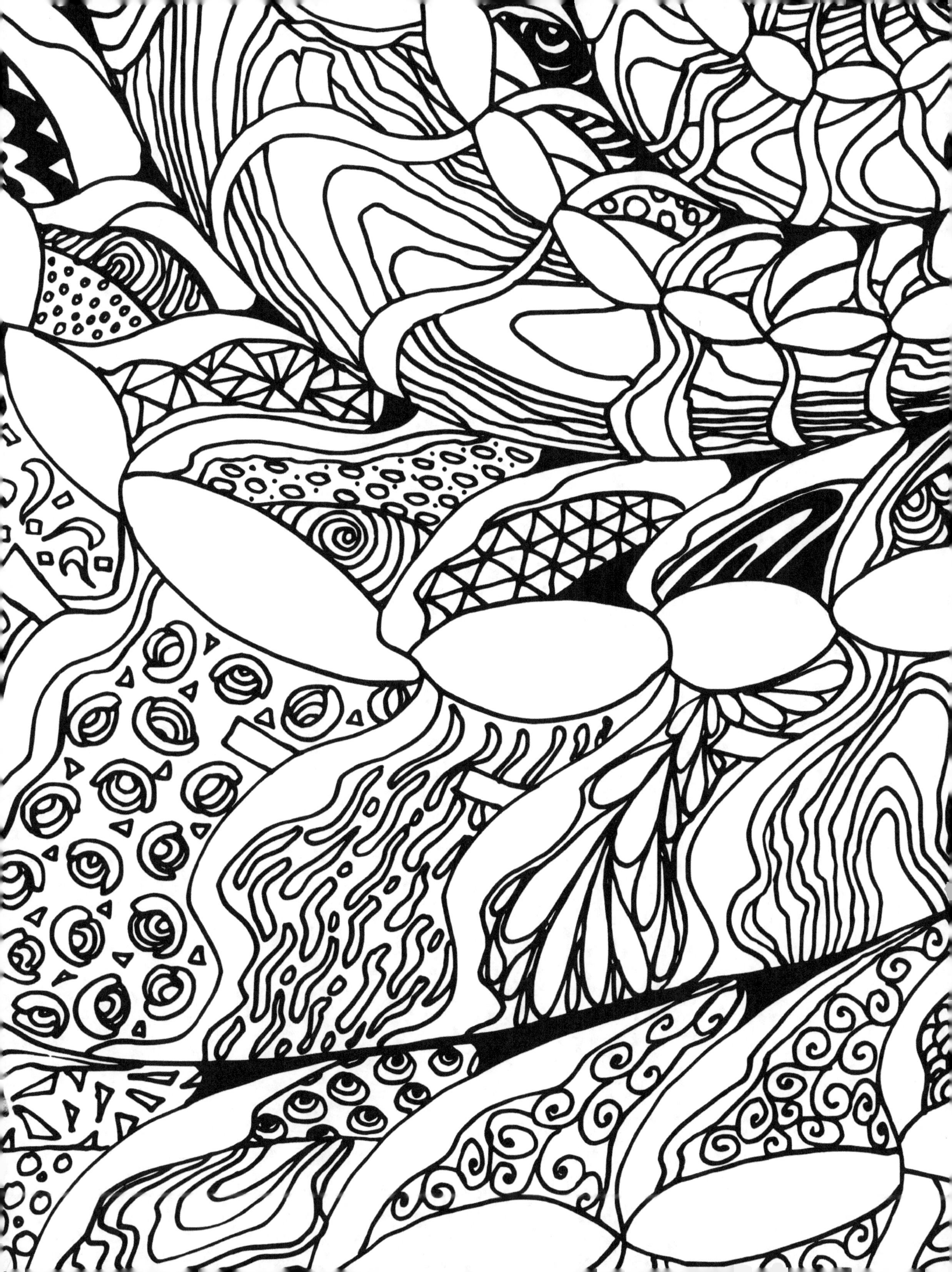

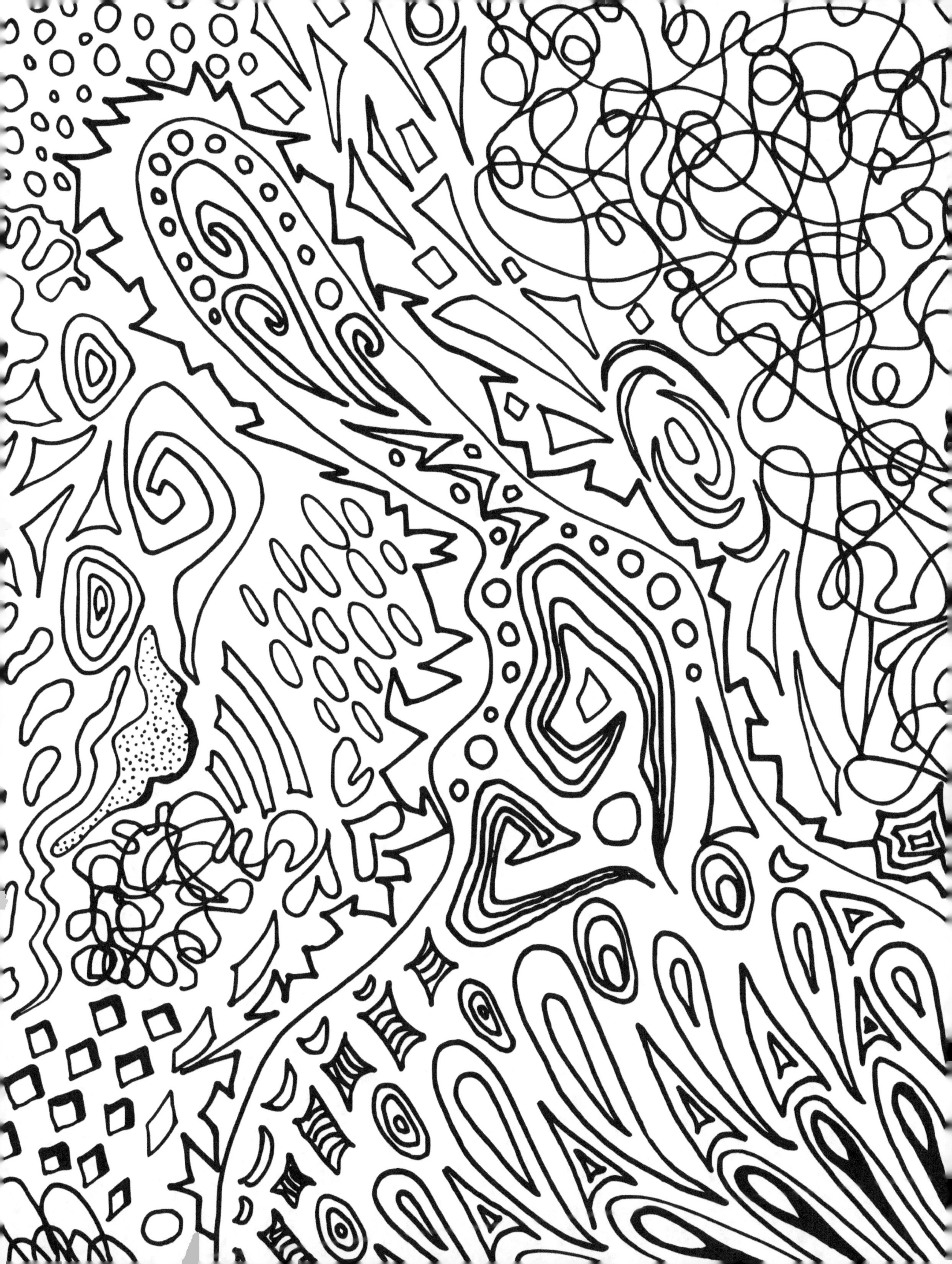

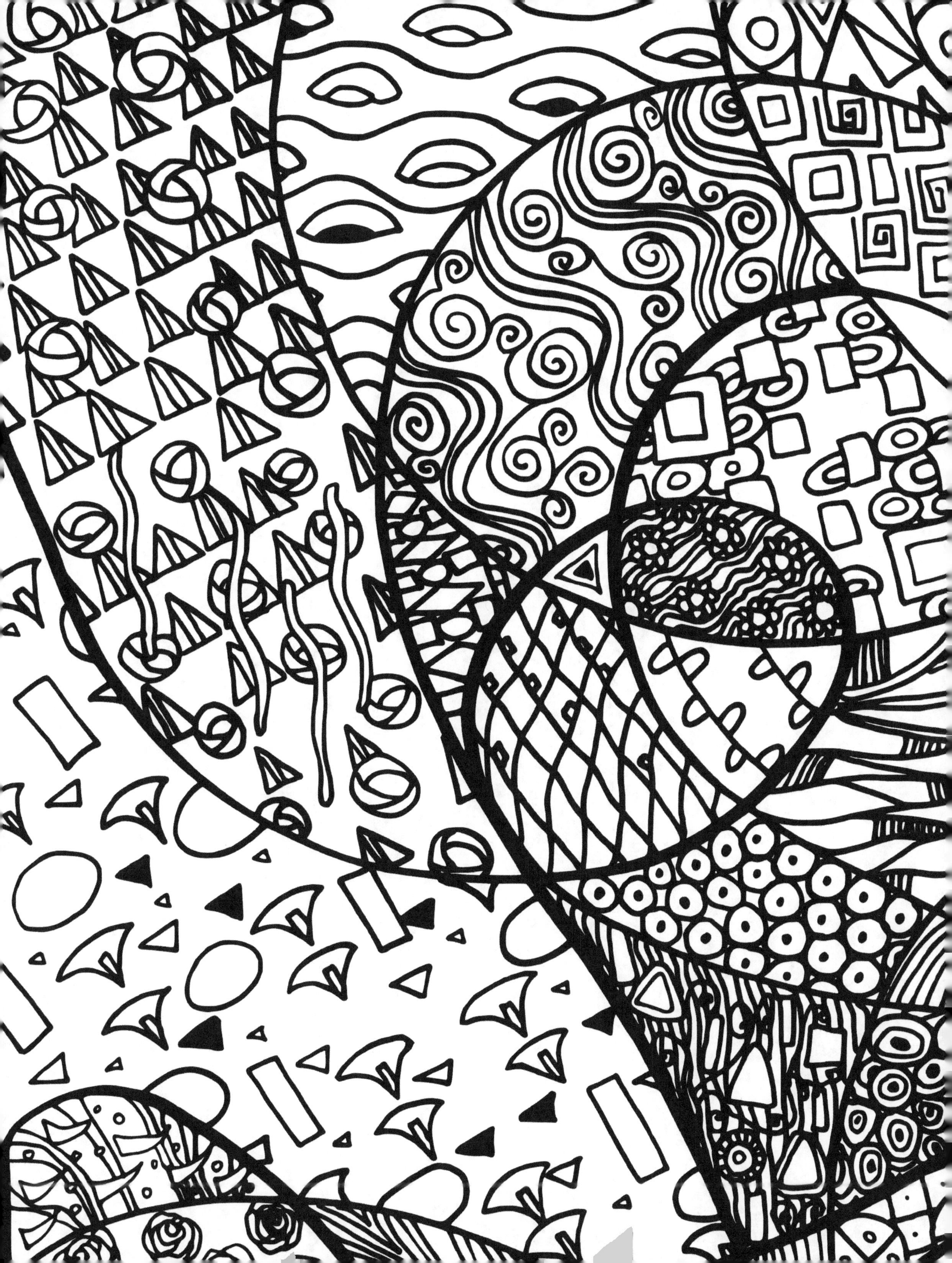

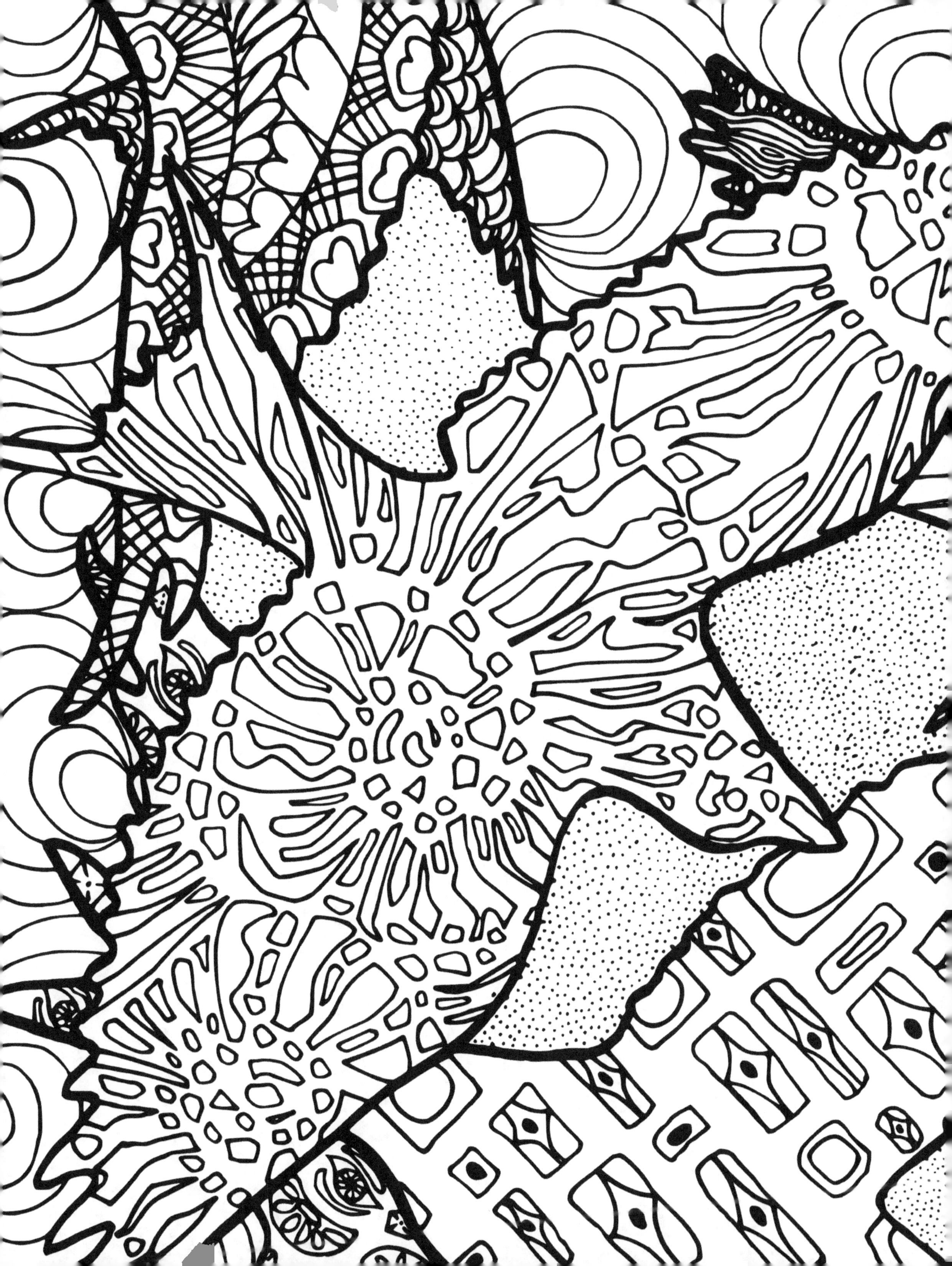

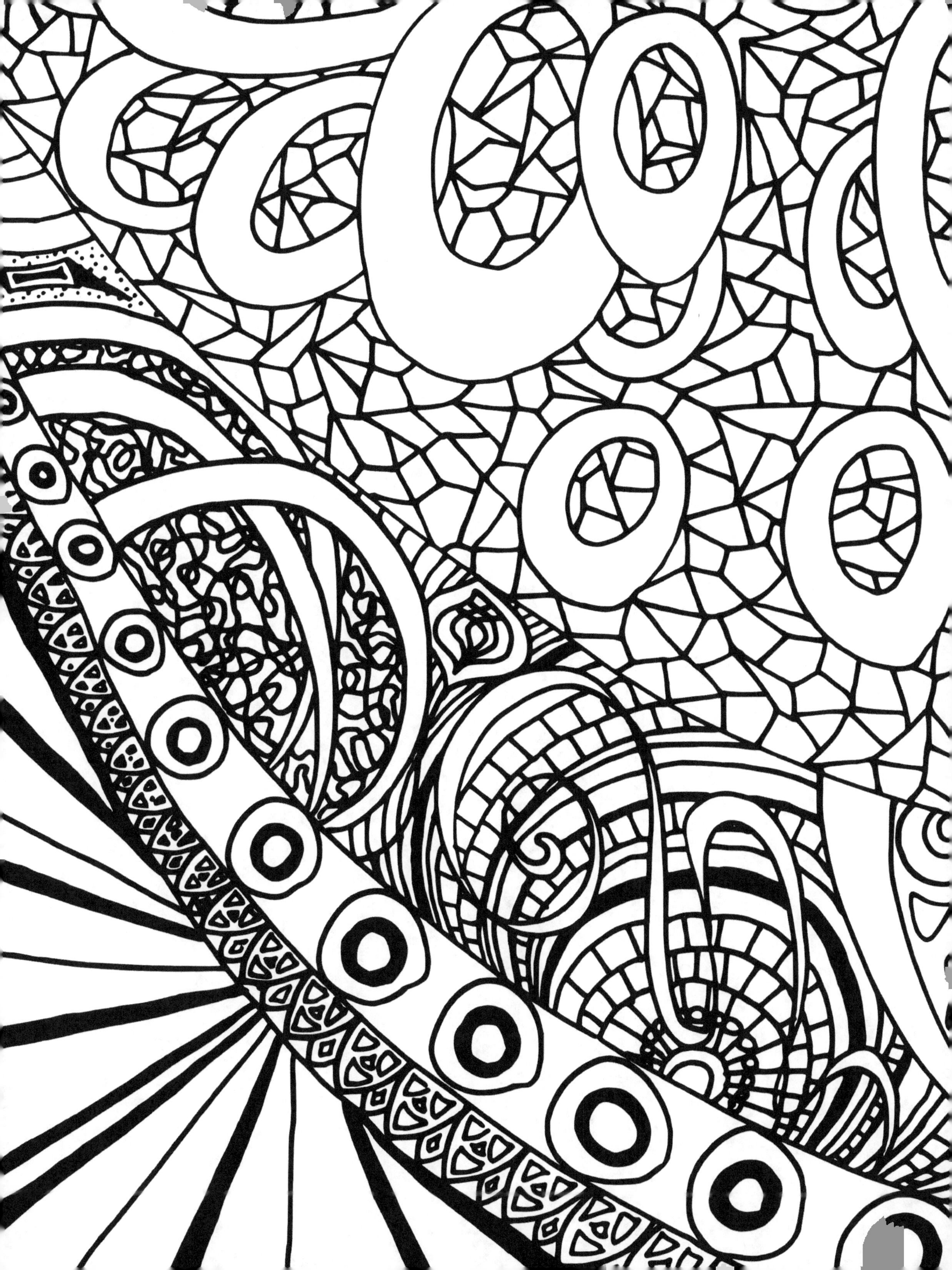

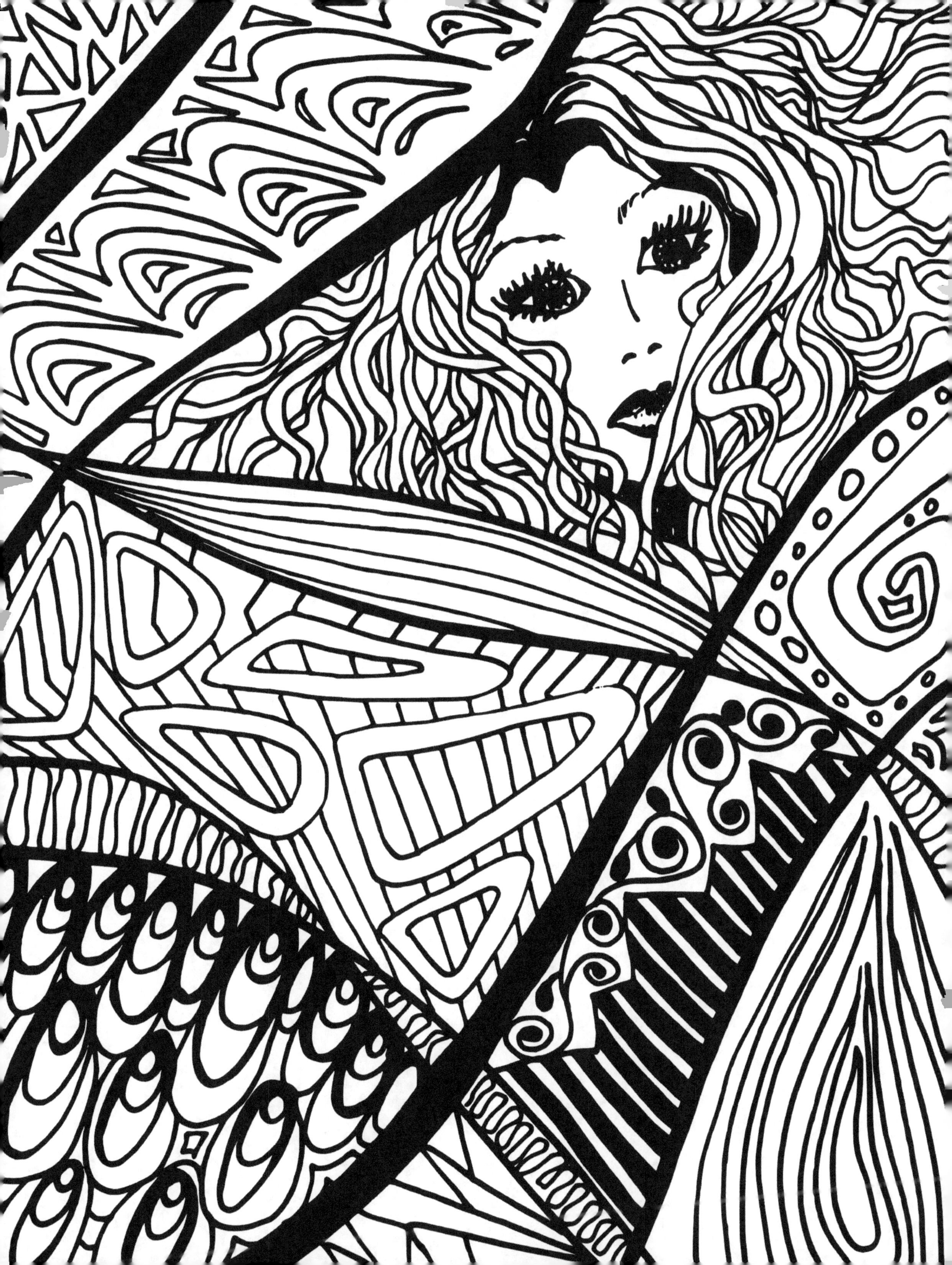

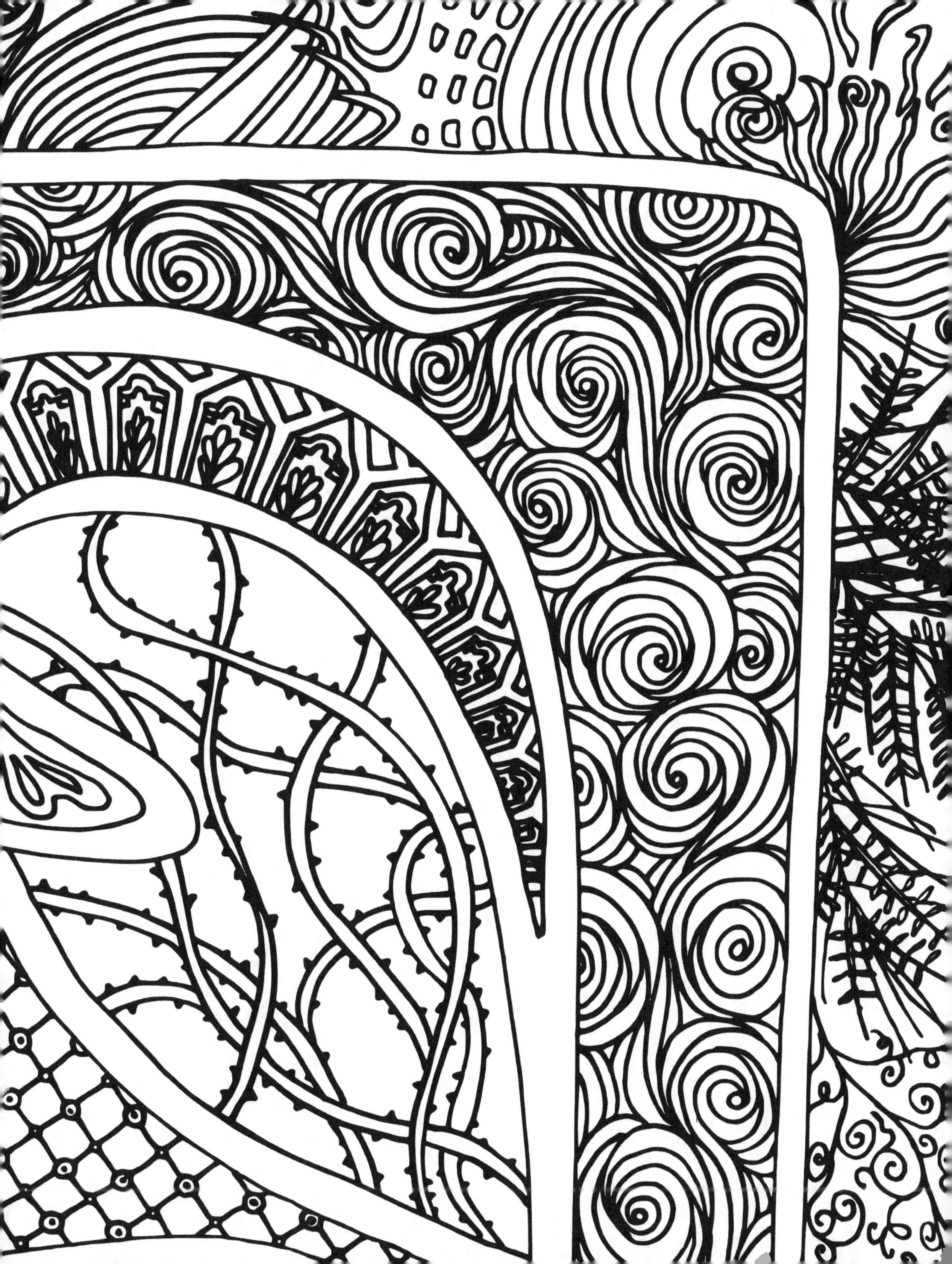

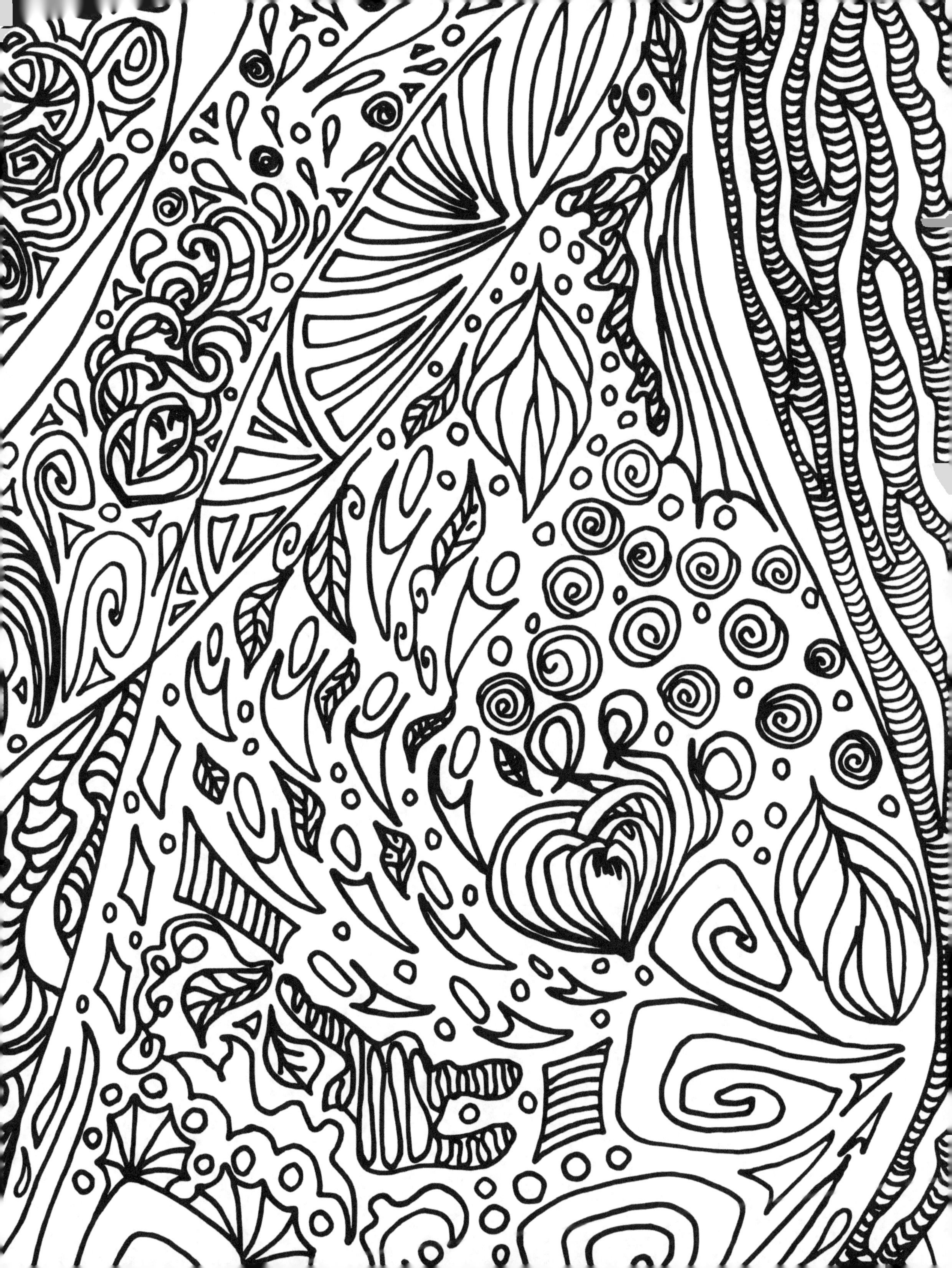

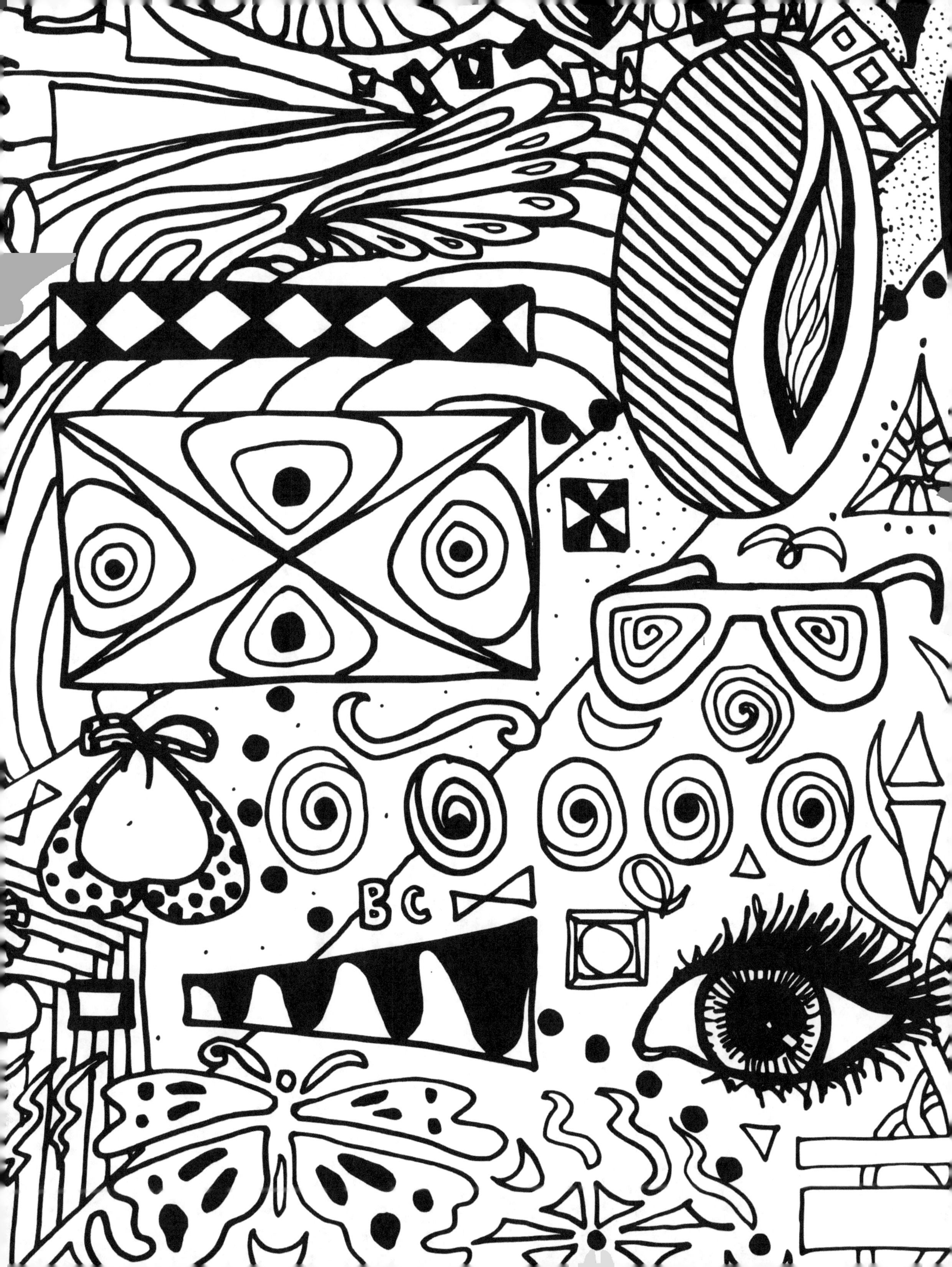
B C

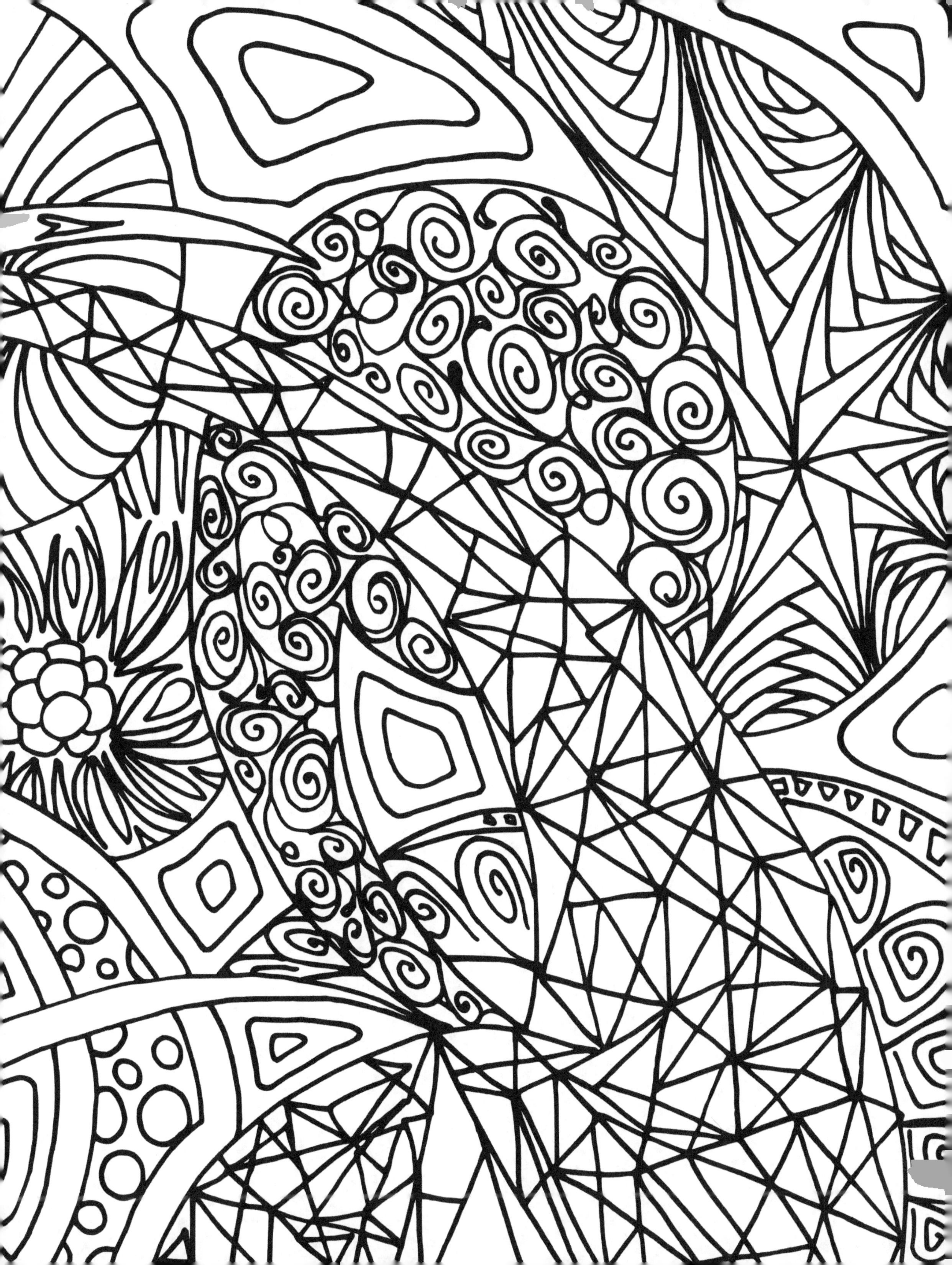

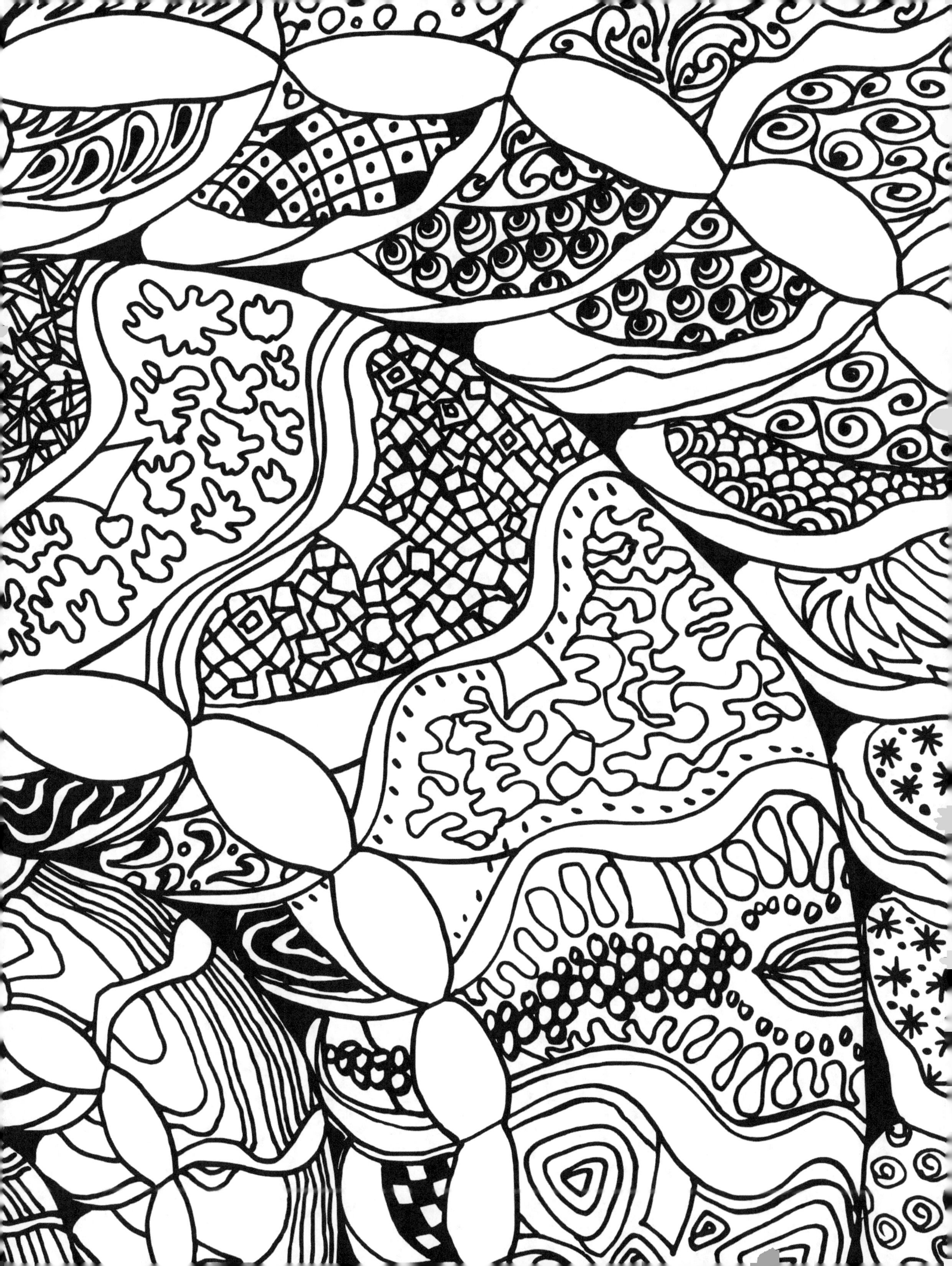

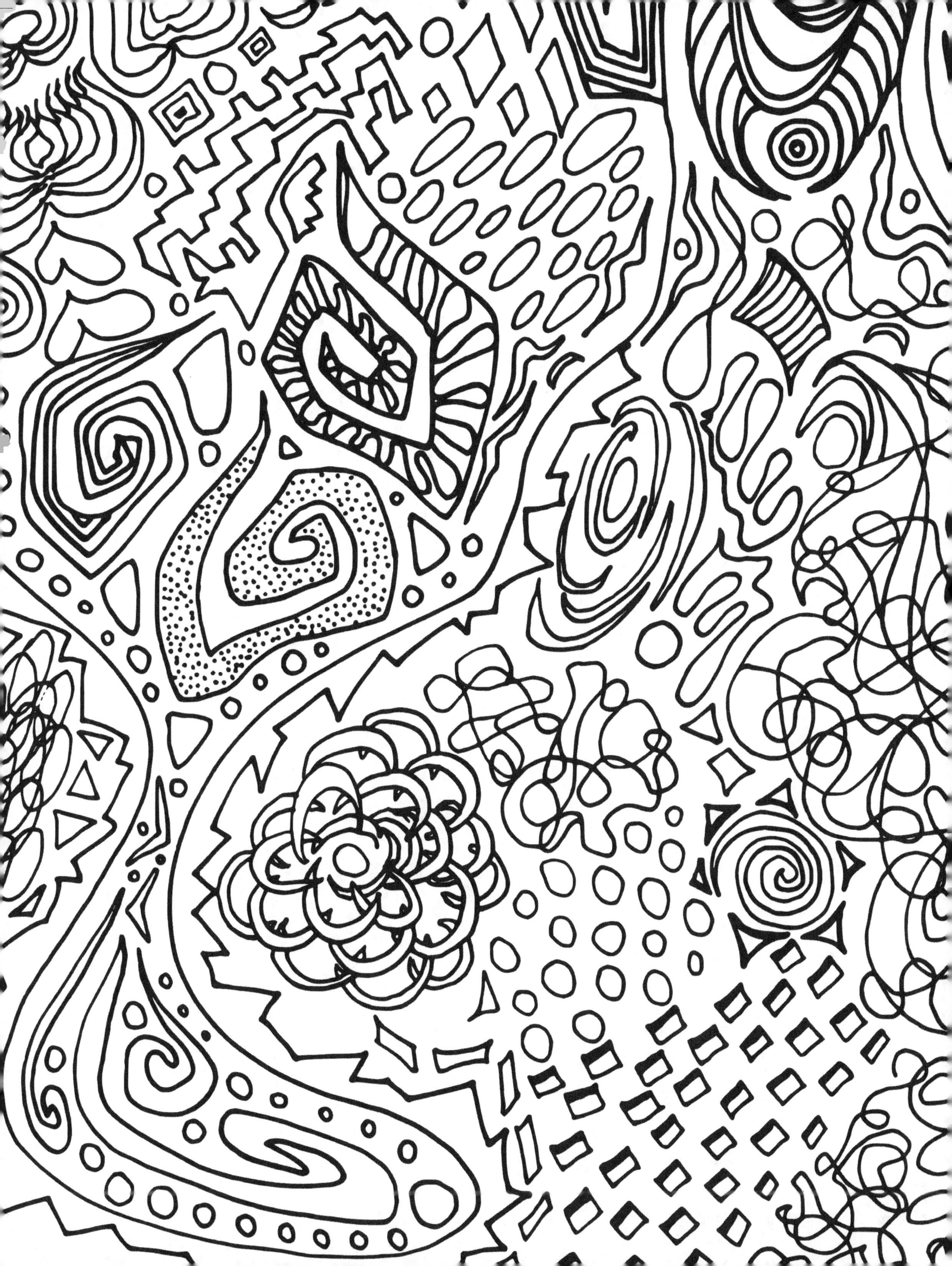

www.ingramcontent.com/pod-product-compliance
Lightning Source LLC
Chambersburg PA
CBHW080817170526
45158CB00009B/2456
* 9 7 8 0 9 9 4 9 2 1 8 0 2 *